Armando Barraza Cuellar

Nacemos, crecemos, nos reproducimos y nos morimos

Armando Barraza Cuellar

Nacemos, crecemos, nos reproducimos y nos morimos

Nacemos, y nos morimos

JustFiction Edition

Cover image: www.ingimage.com

Publisher:
JustFiction! Edition
is a trademark of
Dodo Books Indian Ocean Ltd. and OmniScriptum S.R.L publishing group

120 High Road, East Finchley, London, N2 9ED, United Kingdom
Str. Armeneasca 28/1, office 1, Chisinau MD-2012, Republic of Moldova, Europe
Printed at: see last page
ISBN: 978-613-9-42705-5

Nacemos, crecemos, nos reproducimos y nos morimos.

(Vanidad de vanidades)

(Eclesiastés. Capítulo 3, versículos 1al 15).

(Analogías metafóricas)

Autor. Armando Barraza Cuellar.

Capitulo uno.

Nacemos, crecemos, nos reproducimos y nos morimos.

(Vanidad de vanidades)

(Eclesiastés. Capítulo 3, versículos 1- 2).

Resumen.

Eclesiastés, capitulo 3, y versículos 1 al 2 dice así:

Todo tiene su tiempo, y todo lo que se quiere debajo del cielo tiene su hora. Tiempo de nacer, y tiempo de morir; tiempo de plantar, y tiempo de arrancar lo plantado.

Así es. como dice el título de este hermoso libro.

Nacemos, crecemos, nos reproducimos y nos morimos. (Vanidad de vanidades).

Y así es, hay que recordar que cuando nacemos, ya viene el alma, el espíritu que es el que da vida al cuerpo y este cuerpo esta formado de materia orgánica e inorgánica.

Palabras cave.

Nacer, crecer, reproducir, morir, alma, espíritu, cuerpo, materia orgánica e inorgánica. Vanidad y vanidades.

Introducción. Eclesiastés, capitulo 3, y versículos 1 al 2 dice así:

Todo tiene su tiempo, y todo lo que se quiere debajo del cielo tiene su hora. Tiempo y en este momento es el tiempo de hacer este hermoso libro, con mucho amor.

Así es. como dice el título de este hermoso libro.

Nacemos, crecemos, nos reproducimos y nos morimos. (Vanidad de vanidades).

Y así es, hay que recordar que cuando nacemos, ya viene el alma, el espíritu que es el que da vida al cuerpo y este cuerpo está formado de materia orgánica e inorgánica. Nacer, crecer, reproducir, morir, alma, espíritu, cuerpo, materia orgánica e inorgánica. Vanidad y vanidades.

¿Qué dice mi querido lector (a) respecto a la introducción, ¿Es viable para seguir adelante, sirviendo a los demás, con este escrito para su mejor vida hoy día?

Cada ser humano, debeos de valorar nuestra vidas, si nos ponemos a reflexionar, a meditar y pensar profundamente, como nos formamos, a través de dos células llamadas gametos, la célula masculina llamada espermatozoide, que lleva en su interior cuatro generaciones de parte del padre, y el gameto femenino llamado ovulo lleva consigo cuatro generaciones, y al momento de la fusión de la unión de ambos gametos, en nuevo ser trae consigo ocho generaciones, con toda su complejidad y simplicidad, pues bien el ADN de cada gameto es una maravilla, asombroso, la creación humana, y me pregunto de donde viene tanta información genética, y además es un embrión es único, no hay otro embrión masculino o femenino que sea igual a este embrión, así como Dios el Eterno es único en los cielos y la tierra, así cada ser humano que existimos en este planeta somos únicos, no le parece ¡asombroso todo esto!

Metodología sistemática.

Eclesiastés, capitulo 3, y versículos 1 al 2 dice así:

Todo tiene su tiempo, y todo lo que se quiere debajo del cielo tiene su hora. Tiempo de nacer, y tiempo de morir; tiempo de plantar, y tiempo de arrancar lo plantado.

Así es. como dice el título de este hermoso libro.

Nacemos, crecemos, nos reproducimos y nos morimos. (Vanidad de vanidades).

Y así es, hay que recordar que cuando nacemos, ya viene el alma, el espíritu que es el que da vida al cuerpo y este cuerpo está formado de materia orgánica e inorgánica. Nacer, crecer, reproducir, morir, alma, espíritu, cuerpo, materia orgánica e inorgánica. Vanidad y vanidades.

Lo que nos hace vivir, movernos, abrir y cerra nuestros ojos, todo lo que hacemos es manejado y ordenado por el alma-nete y el espíritu -conciencia, y ellos, hace que todos y cada uno de nuestros neuronas (que son tres tipos de neuronas, que son: neuronas monopolar, neuronas bipolar y neuronas multipolar todos y cada uno de ellas, tiene sus respectivos funciones de tal grado que se enlazan entre sí y en su momento se enlazan con las demás neuronas, y luego se des enlazan y en su momento re enlazan y todo para que todo nuestro ser, tanto el interior como el exterior, trabaja tal como debe de ser, así nos hizo el Creador de los Cielos y la Tierra y él es el Omnisciente mi Dios el Eterno.

Eclesiastés. Capítulo 3, versículos 1 al 8.

Resumen. Tiempo...su hora. No solo Dios fija la norma y retira o dispensa la satisfacción (capítulo 2, versículo 26), sino que El señala “tiempos” y “sazones”. Las empresas terrenales son buenas en su sitio y tiempo apropiados, pero improductivas cuando se va tras ellas como el principal objetivo (cp. Versículos. 9,10).

Cada ser humano que vivimos en este Planeta llamado Tierra, tenemos cuatros tiempo cada uno de nosotros , y aquí lo mas importantes es que debemos de entender, que los tiempos, tiene su tiempo, es por ello, que hay que tener mucho cuidado, como vamos a usar, entender nuestro tiempo de cada persona, por ejemplo, yo debo de entender que tuve mi tiempo en la matriz de mi madre y ese tiempo fue de nueve meses de embarazo, y se pasa y es menor del tiempo debido, pues trae consecuencias, a mí, cuándo era un embrión, cuando se estaba formando cada neurona, cada arteria, cada vena, cada tejido, cada hueso, cada órganos, cada aparato, cada sistema, el cabello de mi cabeza, todos y cada uno de en su formación tenia su tiempo, es muy peligroso que ese tiempo pueda quedase atrás y el tiempo de cada uno de elementos anatómicos se adelantara, pues trae consecuencias, de vida o muerte, o simplemente, voy a nacer incompleto, y eso trae consigo deformaciones en mi todo ser, es por ello que mi Dios el Eterno tiene mucho cuidado de nosotros, en nuestra formación y esto con cada uno de cada huevo, producto, embrión que se está desarrollando en la matriz, en su zona llamada “endometrio” de la mujer, todo está organizado y quien esa, ubicación, pues el Omnisciente que es mi Dios el eterno. ¿O no es así, mi querido lector(a)? Vamos paso a paso, con mucha paciencia, a plasmar las palabras precisas, coherentes, para que se pueden enlazar, desenlazara y posteriormente re enlazar y así se visualice la simplicidad y la complejidad de un pensamiento simple y pensamiento complejo, así lo dijo y lo escribió en sus libros el filósofo: Edgar Morin. Pues bien vamos por un buen camino en la escritura, para que todo lector, lee tranquilamente este hermoso libro escrito para cada uno de ustedes de los cuatro vientos, de este Planeta llamado Tierra.

Discusión.

Lo que nos hace vivir, movernos, abrir y cerra nuestros ojos, todo lo que hacemos es manejado y ordenado por el alma-nete y el espíritu -conciencia, y ellos, hace que todos y cada uno de nuestros neuronas (que son tres tipos de neuronas, que son: neuronas monopolar, neuronas bipolar y neuronas multipolar todos y cada uno de ellas, tiene sus respectivos funciones de tal grado que se enlazan entre sí y en su momento se enlazan con las demás neuronas, y luego se des enlazan y en su momento re enlazan y todo para que todo nuestro ser, tanto el interior como el exterior, trabaja tal como debe de ser, así nos hizo el Creador de los Cielos y la Tierra y él es el Omnisciente mi Dios el Eterno. Ahora bien, mi Dios el Eterno tiene mucho cuidado de nosotros, en nuestra formación y esto con cada uno de cada huevo, producto, embrión que se está desarrollando en la matriz, en su zona llamada "endometrio" de la mujer, todo está organizado y quien esa, ubicación, pues el Omnisciente que es mi Dios el eterno. ¿O no es así, mi querido lector(a)? Vamos paso a paso, con mucha paciencia, a plasmar las palabras precisas, coherentes, para que se pueden enlazar, desenlazara y posteriormente re enlazar y así se visualice la simplicidad y la complejidad de un pensamiento simple y pensamiento complejo, así lo dijo y lo escribió en sus libros el filósofo: Edgar Morin. Pues bien vamos por un buen camino en la escritura, para que todo lector, lee tranquilamente este hermoso libro escrito para cada uno de ustedes de los cuatro vientos, de este Planeta llamado Tierra. Hay que tener mucho cuidado de no caer otra vez a la mediocridad, a la pereza cerebral y somática, es tiempo de cambiar, de tomar decisiones hoy mismo, porque la vida s se nos va de nuestras manos en milésimas de segundo, es por ello, que debo de cambiar hoy, y ser mejor, puesto que tengo todas las herramientas necesarias para este hermoso cambio.

Imagen.

Tus manos me hicieron y me formaron;
hazme entender,
y aprenderé tus mandamientos.

.

Cuadro mental.

Eclesiastés, capitulo 3, y versículos 1 al 2 dice así:

Todo tiene su tiempo, y todo lo que se quiere debajo del cielo tiene su hora. Tiempo de nacer, y tiempo de morir; tiempo de plantar, y tiempo de arrancar lo plantado.

Así es. como dice el título de este hermoso libro.

Nacemos, crecemos, nos reproducimos y nos morimos. (Vanidad de vanidades).

Y así es, hay que recordar que cuando nacemos, ya viene el alma, el espíritu que es el que da vida al cuerpo y este cuerpo está formado de materia orgánica e inorgánica. Nacer, crecer, reproducir, morir, alma, espíritu, cuerpo, materia orgánica e inorgánica. Vanidad y vanidades.

Lo que nos hace vivir, movernos, abrir y cerra nuestros ojos, todo lo que hacemos es manejado y ordenado por el alma-nete y el espíritu -conciencia, y ellos, hace que todos y cada uno de nuestros neuronas (que son tres tipos de neuronas, que son: neuronas monopolar, neuronas bipolar y neuronas multipolar todos y cada uno de ellas, tiene sus respectivos funciones de tal grado que se enlazan entre sí y en su momento se enlazan con las demás neuronas, y luego se des enlazan y en su momento re enlazan y todo para que todo nuestro ser, tanto el interior como el exterior, trabaja tal como debe de ser, así nos hizo el Creador de los Cielos y la Tierra y él es el Omnisciente mi Dios el Eterno.

Eclesiastés. Capítulo 3, versículos 1 al 8.

Resumen. Tiempo...su hora. No solo Dios fija la norma y retira o dispensa la satisfacción (capítulo 2, versículo 26), sino que El señala "tiempos" y "sazones". Las empresas terrenales son buenas en su sitio y tiempo apropiados, pero improductivas cuando se va tras ellas como el principal objetivo.

Recapitulación.

Cada ser humano que vivimos en este Planeta llamado Tierra, tenemos cuatros tiempo cada uno de nosotros , y aquí lo más importantes es que debemos de entender, que los tiempos, tiene su tiempo, es por ello, que hay que tener mucho cuidado, como vamos a usar, entender nuestro tiempo de cada persona, por ejemplo, yo debo de entender que tuve mi tiempo en la matriz de mi madre y ese tiempo fue de nueve meses de embarazo, y se pasa y es menor del tiempo debido, pues trae consecuencias, a mí, cuándo era un embrión, cuando se estaba formando cada neurona, cada arteria, cada vena, cada tejido, cada hueso, cada órganos, cada aparato, cada sistema, el cabello de mi cabeza, todos y cada uno de en su formación tenía su tiempo, es muy peligroso que ese tiempo pueda quedase atrás y el tiempo de cada uno de elementos anatómicos se adelantara, pues trae consecuencias, de vida o muerte, o simplemente, voy a nacer incompleto, y eso trae consigo deformaciones en mi todo ser, es por ello que mi Dios el Eterno tiene mucho cuidado de nosotros, en nuestra formación y esto con cada uno de cada huevo, producto, embrión que se está desarrollando en la matriz, en su zona llamada "endometrio" de la mujer, todo está organizado y quien esa, ubicación, pues el Omnisciente que es mi Dios el eterno. ¿O no es así, mi querido lector(a)?

¿Qué piensa de esta recapitulación? ¿Se hace interesante, y nos hace reflexionar a todos y cada uno d de nosotros?

. Pues bien vamos por un buen camino en la escritura, para que todo lector, lee tranquilamente este hermoso libro escrito para cada uno de ustedes de los cuatro vientos, de este Planeta llamado Tierra. Hay que tener mucho cuidado de no caer otra vez a la mediocridad, a la pereza cerebral y somática, es tiempo de cambiar, de tomar decisiones hoy mismo, porque la vida s se nos va de nuestras manos en milésimas de segundo, es por ello, que debo de cambiar hoy, y ser mejor, puesto que tengo todas las herramientas necesarias para este hermoso cambio.

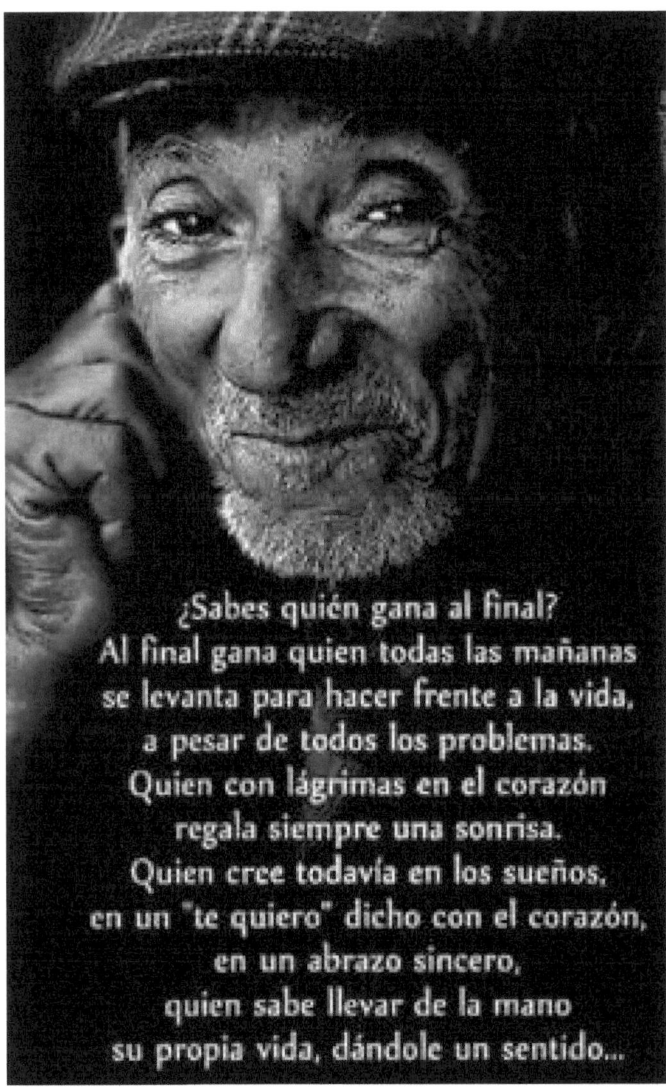
¿Sabes quién gana al final?
Al final gana quien todas las mañanas
se levanta para hacer frente a la vida,
a pesar de todos los problemas.
Quien con lágrimas en el corazón
regala siempre una sonrisa.
Quien cree todavía en los sueños,
en un "te quiero" dicho con el corazón,
en un abrazo sincero,
quien sabe llevar de la mano
su propia vida, dándole un sentido...

¿Qué te hace reflexionar de la imagen del anciano de la página 9?

Cada ser humano que vivimos en este Planeta llamado Tierra, tenemos cuatros tiempo cada uno de nosotros , y aquí lo más importantes es que debemos de entender, que los tiempos, tiene su tiempo, es por ello, que hay que tener mucho cuidado, como vamos a usar, entender nuestro tiempo de cada persona, por ejemplo, yo debo de entender que tuve mi tiempo en la matriz de mi madre y ese tiempo fue de nueve meses de embarazo, y se pasa y es menor del tiempo debido, pues trae consecuencias, a mí, cuándo era un embrión, cuando se estaba formando cada neurona, cada arteria, cada vena, cada tejido, cada hueso, cada órganos, cada aparato, cada sistema, el cabello de mi cabeza, todos y cada uno de en su formación tenía su tiempo, es muy peligroso que ese tiempo pueda quedase atrás y el tiempo de cada uno de elementos anatómicos se adelantara, pues trae consecuencias, de vida o muerte, o simplemente, voy a nacer incompleto, y eso trae consigo deformaciones en mi todo ser, es por ello que mi Dios el Eterno tiene mucho cuidado de nosotros, en nuestra formación y esto con cada uno de cada huevo, producto, embrión que se está desarrollando en la matriz, en su zona llamada “endometrio” de la mujer, todo está organizado y quien esa, ubicación, pues el Omnisciente que es mi Dios el eterno. ¿O no es así, mi querido lector(a)?

Que tenemos todo para ser triunfadores, y seguir adelante, para llegar ala Cima, y para ello, hay que tener mucho coraje para luchar día a día, noche tras noche, hasta el final de nuestras vidas aquí en la tierra, es por ello por lo que debo de ser terco, humilde, constante, y luchar día a día, para ser ayudar a los demás, y ser útil, para mi para todos y cada uno de ellos. Vamos pues a integrarse tanto el docente como el estudiante, y dejar atrás toda amargura y envidia, y hay renovar todos nuestros atributos, y que vuelva la comunicación en el aula para el bien de todos y cada uno de nosotros.

Capitulo dos.

Eclesiastés. Capítulo 3, y versículo 3 y 4. Dice así:

Tiempo de matar, y tiempo de curar; tiempo de destruir, y tiempo de edificar; tiempo de llorar, y tiempo de reír; tiempo de endechar, y tiempo de bailar.

Resumen.

Tiempo de matar, y tiempo de curar; tiempo de destruir, y tiempo de edificar; tiempo de llorar, y tiempo de reír; tiempo de endechar, y tiempo de bailar.

Como lo menciona el titulo de este segundo capítulo, nos habla de tiempo y de tiempos, y así es nuestra vida, por ejemplo nos dice. Que hay tiempo de matar, ¡cuántas personas se matan por envidias, por egocentrismo, por el mismo poder enajenado, también en las enfermedades incurativas, como cuando nos llego el VIRUS COVID muchas personas, de todos tipos de edades d ellos cuatro vientos, murieron por causa de la invasión del Virus COVID.

Palabras clave. Matar, curar, tiempo, destruir, edificar, llorar. Reír, endechar y bailar.

Introducción. Tiempo de matar, y tiempo de curar; tiempo de destruir, y tiempo de edificar; tiempo de llorar, y tiempo de reír; tiempo de endechar, y tiempo de bailar.

Como lo menciona el título de este segundo capítulo, nos habla de tiempo y de tiempos, y así es nuestra vida, por ejemplo, nos dice. Que hay tiempo de matar, ¡cuántas personas se matan por envidias, por egocentrismo, por el mismo poder enajenado, también en las enfermedades incurativas, como cuando nos llegó el VIRUS COVID muchas personas, de todos tipos de edades d ellos cuatro vientos, murieron por causa de la invasión del Virus COVID. Matar, curar, tiempo, destruir, edificar, llorar. Reír, endechar y bailar.

¿Qué le parece la introducción de este segundo capítulo?

Siempre a través de la historia de la humanidad, ha existido un gran problema social e individual, donde el ser humano, tiende a lastimar, a herir, a matar, a pelar, , y vivir mal ante la sociedad, por no entender, no comprender, y por querer batallar, a vivir en armonía, tal como debe de ser, preferimos vivir, mal, actuar mal , somos bien egoístas, egocéntricos, no queremos batallar, ni nos esforzamos para vivir bien, es muy triste, pero esta es la realidad, a tal grado que se avecina una tercera guerra mundial. No sé, que va a pasar, pero cosa buena, no lo creo.

Aquí lo más importante es que cada ser humano debemos de tomar responsabilidades, para luchar, para vivir en armonía, que no quede en nosotros, hay que seguiré adelante, hay que luchar y con ayuda del Creador el Eterno, a que nos de paciencia, paz.

Metodología sistemática.

Tiempo de matar, y tiempo de curar; tiempo de destruir, y tiempo de edificar; tiempo de llorar, y tiempo de reír; tiempo de endechar, y tiempo de bailar.

Como lo menciona el título de este segundo capítulo, nos habla de tiempo y de tiempos, y así es nuestra vida, por ejemplo, nos dice. Que hay tiempo de matar, ¡cuántas personas se matan por envidias, por egocentrismo, por el mismo poder enajenado, también en las enfermedades incurativas, como cuando nos llegó el VIRUS COVID muchas personas, de todos tipos de edades d ellos cuatro vientos, murieron por causa de la invasión del Virus COVID. Matar, curar, tiempo, destruir, edificar, llorar. Reír, endechar y bailar. Me pongo a reflexionar respecto a este segundo capitulo de que nos habla de tiempos, pues bien he llegado a la conclusión, de que cada ser humano debeos de respetar los tiempos, y no olvidar que cada tiempo tiene su tiempo, por ejemplo, en este segundo capitulo nos habla en Libro de Eclesiastés (que lo escribió el sabio de Salomón) que Dios le dio sabiduría, de los tiempos, y así es: hay tiempo para concebir, es tiempo para que el espermatozoide y el ovulo se unan, y hay tiempo para que se forme el embrión, con todas sus capacidades. A través de los genes de la mujer y el hombre, y sus herencias, cada embrión trae consigo cuatro herencias de su padre (XY) y cuatro generaciones de su madre (XX). Hay tiempo para reír, y tiempo para llorar, y como médico, se que llorar le hace muy bien al ser humano, en todos sus órganos y neuronas y emociones, y reír, nos aleja de las emociones como el estrés, la angustia, la soledad, y la depresión. Lo más importante eres tú, ahora bien, si tienes ganas de llorar, llora, no importa quien te vea, aquí lo más importante tu como persona. Y hay tiempo para edificar y tiempo para curar, y tiempo para enfermarse.

Discusión.

Hay que respetar los tiempos. Tiempo de matar, y tiempo de curar; tiempo de destruir, y tiempo de edificar; tiempo de llorar, y tiempo de reír; tiempo de endechar, y tiempo de bailar.

Como lo menciona el título de este segundo capítulo, nos habla de tiempo y de tiempos, y así es nuestra vida, por ejemplo, nos dice. Que hay tiempo de matar, ¡cuántas personas se matan por envidias, por egocentrismo, por el mismo poder enajenado, también en las enfermedades incurativas, como cuando nos llegó el VIRUS COVID muchas personas, de todos tipos de edades d ellos cuatro vientos, murieron por causa de la invasión del Virus COVID. Matar, curar, tiempo, destruir, edificar, llorar. Reír, endechar y bailar.

Si le ponemos atención a nuestro interior, por ejemplo: las neuronas, los tejidos, los órganos, los aparatos, el cerebro humano, el cerebro mamífero, el cerebro reptiliano, las emociones, las tristezas, las alegrías, todo ello, si nos ponemos a meditar, nos ayuda en su momento, en su tiempo, y esto nos llevara a una excelente salud interna y externa. Muy bien si respetamos los tiempos de nuestra existencia aquí en a la tierra, nos a ir muy bien, porque en ese momento actúa y se reactiva el cerebro humano y sabemos que ahí están todos los atributos que tenemos ocultos para poder vivir tal como debe de ser. Vamos a seguir adelante, para seguir adelante en este mundo tan atroz, pero ahí estamos, lo más importante es no dejarse vencer, para extraer los tesoros ocultos en nuestro interior, así es. Vamos adelante, sabemos que hay caídas y levantadas, aquí lo más es levantarse en las caídas.

LOS CÉLULAS HUMANAS

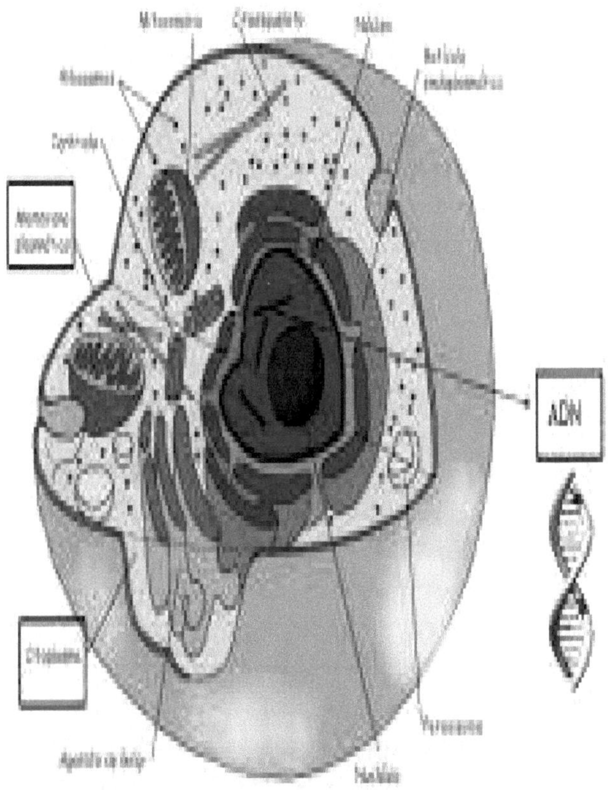

Cuadro mental.

Tiempo de matar, y tiempo de curar; tiempo de destruir, y tiempo de edificar; tiempo de llorar, y tiempo de reír; tiempo de endechar, y tiempo de bailar.

Como lo menciona el título de este segundo capítulo, nos habla de tiempo y de tiempos, y así es nuestra vida, por ejemplo, nos dice. Que hay tiempo de matar, ¡cuántas personas se matan por envidias, por egocentrismo, por el mismo poder enajenado, también en las enfermedades incurativas, como cuando nos llegó el VIRUS COVID muchas personas, de todos tipos de edades d ellos cuatro vientos, murieron por causa de la invasión del Virus COVID. Matar, curar, tiempo, destruir, edificar, llorar. Reír, endechar y bailar. Me pongo a reflexionar respecto a este segundo capítulo de que nos habla de tiempos, pues bien he llegado a la conclusión, de que cada ser humano debeos de respetar los tiempos, y no olvidar que cada tiempo tiene su tiempo, por ejemplo, en este segundo capítulo nos habla en Libro de Eclesiastés (que lo escribió el sabio de Salomón) que Dios le dio sabiduría, de los tiempos, y así es: hay tiempo para concebir, es tiempo para que el espermatozoide y el ovulo se unan, y hay tiempo para que se forme el embrión, con todas sus capacidades. A través de los genes de la mujer y el hombre, y sus herencias, cada embrión trae consigo cuatro herencias de su padre (XY) y cuatro generaciones de su madre (XX). Hay tiempo para reír, y tiempo para llorar, y como médico, sé que llorar le hace muy bien al ser humano, en todos sus órganos y neuronas y emociones, y reír, nos aleja de las emociones como el estrés, la angustia, la soledad, y la depresión. Lo más importante eres tú, ahora bien, si tienes ganas de llorar, llora, no importa quién te vea, aquí lo más importante tu como persona. Y hay tiempo para edificar y tiempo para curar, y tiempo para enfermarse. Solo Dios el creador de los cielos y la tierra que es Omnisciente lo sabe todo, y solo el, nos puede ayudar a través de los tiempos.

Recapitulando.

Hay que respetar los tiempos. Tiempo de matar, y tiempo de curar; tiempo de destruir, y tiempo de edificar; tiempo de llorar, y tiempo de reír; tiempo de endechar, y tiempo de bailar.

Como lo menciona el título de este segundo capítulo, nos habla de tiempo y de tiempos, y así es nuestra vida, por ejemplo, nos dice. Que hay tiempo de matar, ¡cuántas personas se matan por envidias, por egocentrismo, por el mismo poder enajenado, también en las enfermedades incurativas, como cuando nos llegó el VIRUS COVID muchas personas, de todos tipos de edades d ellos cuatro vientos, murieron por causa de la invasión del Virus COVID. Matar, curar, tiempo, destruir, edificar, llorar. Reír, endechar y bailar.

Si le ponemos atención a nuestro interior, por ejemplo: las neuronas, los tejidos, los órganos, los aparatos, el cerebro humano, el cerebro mamífero, el cerebro reptiliano, las emociones, las tristezas, las alegrías, todo ello, si nos ponemos a meditar, nos ayuda en su momento, en su tiempo, y esto nos llevara a una excelente salud interna y externa. Si le ponemos atención a nuestro interior, por ejemplo: las neuronas, los tejidos, los órganos, los aparatos, el cerebro humano, el cerebro mamífero, el cerebro reptiliano, las emociones, las tristezas, las alegrías, todo ello, si nos ponemos a meditar, nos ayuda en su momento, en su tiempo, y esto nos llevara a una excelente salud interna y externa. Muy bien si respetamos los tiempos de nuestra existencia aquí en a la tierra, nos a ir muy bien, porque en ese momento actúa y se reactiva el cerebro humano y sabemos que ahí están todos los atributos que tenemos ocultos para poder vivir tal como debe de ser. Vamos a seguir adelante, para seguir adelante en este mundo tan atroz, pero ahí estamos, lo más importante es no dejarse vencer, para extraer los tesoros ocultos en nuestro interior, así es. Vamos adelante, sabemos que hay caídas y levantadas, aquí lo más es levantarse en las caídas.

Resumiendo.

Tiempo de matar, y tiempo de curar; tiempo de destruir, y tiempo de edificar; tiempo de llorar, y tiempo de reír; tiempo de endechar, y tiempo de bailar.

Como lo menciona el título de este segundo capítulo, nos habla de tiempo y de tiempos, y así es nuestra vida, por ejemplo, nos dice. Que hay tiempo de matar, ¡cuántas personas se matan por envidias, por egocentrismo, por el mismo poder enajenado, también en las enfermedades incurativas, como cuando nos llegó el VIRUS COVID muchas personas, de todos tipos de edades d ellos cuatro vientos, murieron por causa de la invasión del Virus COVID. Matar, curar, tiempo, destruir, edificar, llorar. Reír, endechar y bailar.

Si le ponemos atención a nuestro interior, por ejemplo: las neuronas, los tejidos, los órganos, los aparatos, el cerebro humano, el cerebro mamífero, el cerebro reptiliano, las emociones, las tristezas, las alegrías, todo ello, si nos ponemos a meditar, nos ayuda en su momento, en su tiempo, y esto nos llevara a una excelente salud interna y externa.

Mi embrión vieron tus ojos,
siendo aún imperfecto;
y en tu libro estaban escritos
todos mis miembros,
que fueron luego formados,
cuando aún no existía
ni uno de ellos.
PDD
salmo 134:16

Imagen.

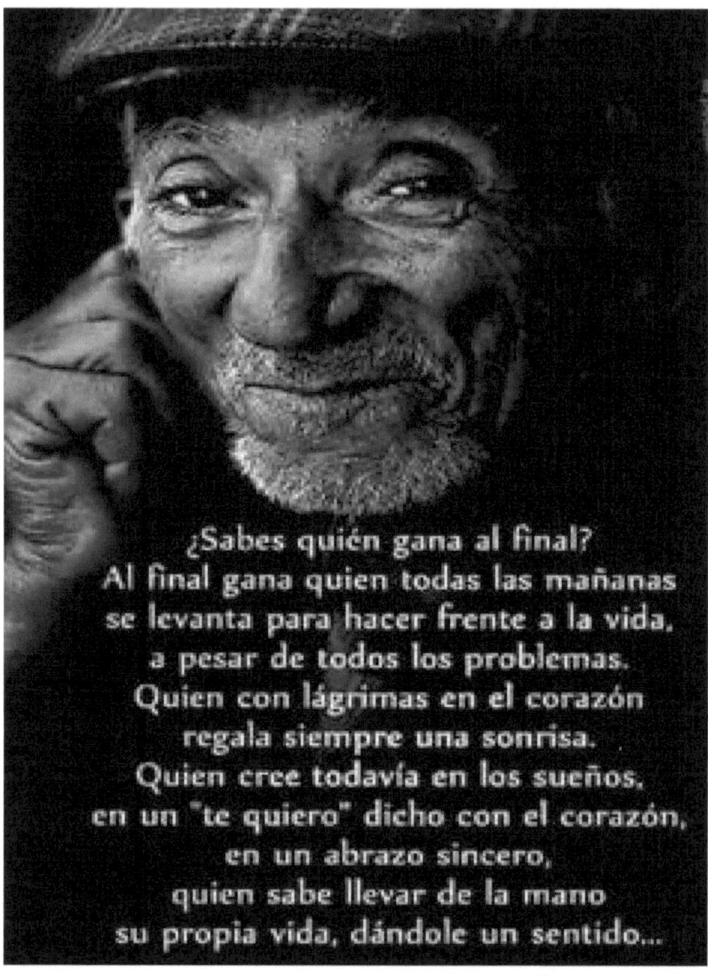
¿Sabes quién gana al final?
Al final gana quien todas las mañanas
se levanta para hacer frente a la vida,
a pesar de todos los problemas.
Quien con lágrimas en el corazón
regala siempre una sonrisa.
Quien cree todavía en los sueños,
en un "te quiero" dicho con el corazón,
en un abrazo sincero,
quien sabe llevar de la mano
su propia vida, dándole un sentido...

Los tiempos de suma importancia en nuestro diario vivir, debemos de tener mucho cuidado con nuestro tiempos, porque hay oicasio9nes que, estamos en un tiempo y ha legado el tiempo de cambiara otro tiempo, y muchas veces no queremos, pienso que ahí es cuando no estamos organizados, no meditamos, no reflexionamos, día tras día, y el tiempo de nos acabado de ese tiempo, por ejemplo el tiempo de fecundación, el tiempo de del embrión, el tiempo de los nueves mes es de gestación, el tiempo de alumbramiento, el tiempo del parto, el tiempo de la lactancia, el tiempo de gatear el bebe. El tiempo de caminar, el tiempo de la escuela, el tiempo del noviazgo, el tiempo del casamiento, el tiempo de ser padres, tiempo de los hijos, el tiempo de la vejez, y el tiempo de morir.

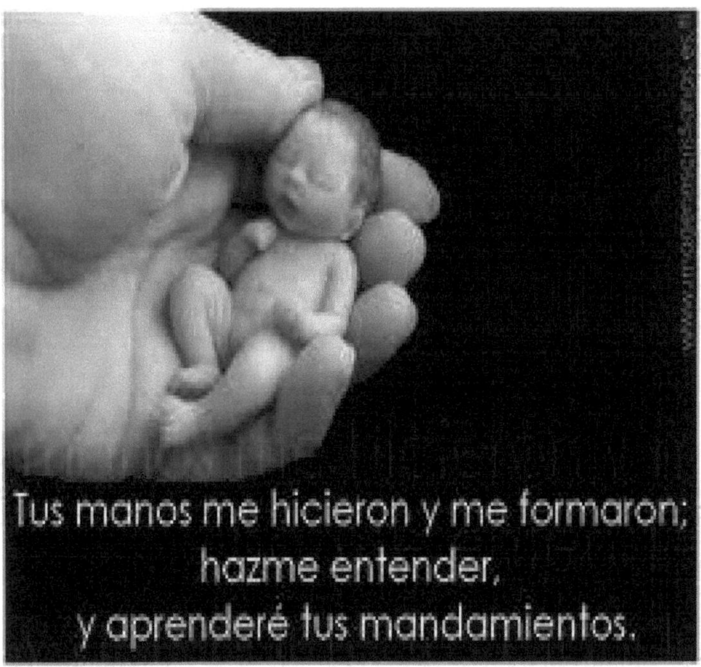

Capitulo tres.

Eclesiastés. Capitulo 3, y los versículos 5- 6.

Tiempo de esparcir piedras, y tiempo de juntar piedras; tiempo de abrazar, y tiempo de abstenerse de abrazar; tiempo de buscar, y tiempo de perder; tiempo de guardar, y tiempo de desechar.

Resumen. Tiempo de esparcir piedras, y tiempo de juntar piedras; tiempo de abrazar, y tiempo de abstenerse de abrazar; tiempo de buscar, y tiempo de perder; tiempo de guardar, y tiempo de desechar. Aquí nos habla Eclesiastés de ocho tiempos, y cada tiempo tiene su tiempo, cuando se nos adelanta el tiempo o se nos atrasa el tiempo, es porque no, hemos puesto atención a ese tiempo que nos está tocando vivir, y además, es que se nos olvida que cada amanecer y en cada anochecer debemos de meditar, de reflexionar, de nuestro tiempo, que estamos viviendo en ese tiempo.

Palabras clave.

Esparcir, piedras, juntar, abrazar, abstenerse, perder, guardar, desechar

Introducción.

Tiempo de esparcir piedras, y tiempo de juntar piedras; tiempo de abrazar, y tiempo de abstenerse de abrazar; tiempo de buscar, y tiempo de perder; tiempo de guardar, y tiempo de desechar. Aquí nos habla Eclesiastés de ocho tiempos, y cada tiempo tiene su tiempo, cuando se nos adelanta el tiempo o se nos atrasa el tiempo, es porque no, hemos puesto atención a ese tiempo que nos está tocando vivir, y además, es que se nos olvida que cada amanecer y en cada anochecer debemos de meditar, de reflexionar, de nuestro tiempo, que estamos viviendo en ese tiempo. Esparcir, piedras, juntar, abrazar, abstenerse, perder, guardar, desechar. Los tiempos sin de suma importancia, hay personas que no respetar los tiempos, y es ahí donde surgen problemas sociales, problemas familiares, problemas de pareja, problemas con los hijos, para todo hay problemas cuando no, respetamos los tiempos, hay ocasiones que los queremos adelantar los tiempos, y algunas personas las queremos atrasar y adelantar los tiempos, y eso es muy peligroso en nuestro diario vivir. Siempre se aprender algo, no importa la edad d el a persona, sea niño, sea adolescente, sea joven, sea adulto, sea adulto mayor, siempre tenemos que aprender algo si nos ponemos a reflexionar, a meditar en nuestro diario vivir. Pues bien, ¿Qué piensa usted mi querido lector (a) de los tiempos de nuestra existencia quiera o no quiera los tiempos que están en nuestro interior y exterior, de que las personas no se fijan, o nos les importe los tiempos, pues hay de ellos y ellas? Las consecuencias vendrán pronto, para bien o para mal. Eso depende de cada persona, ¡la decisión es personal!

Bueno aquí lo mas importante es que ya nacemos con todas las herramientas necesarias, para seguir adelante, venga lo que venga. Entonces, mano a la obra ,hoy es el día que debemos de decidir que hacer con nuestra existencia, si ya estanos en este mundo, pues hay que luchar para seguir viviendo como Dios manda, ¡verdad que sí!

Metodología sistemática.

Tiempo de esparcir piedras, y tiempo de juntar piedras; tiempo de abrazar, y tiempo de abstenerse de abrazar; tiempo de buscar, y tiempo de perder; tiempo de guardar, y tiempo de desechar. Aquí nos habla Eclesiastés de ocho tiempos, y cada tiempo tiene su tiempo, cuando se nos adelanta el tiempo o se nos atrasa el tiempo, es porque no, hemos puesto atención a ese tiempo que nos está tocando vivir, y además, es que se nos olvida que cada amanecer y en cada anochecer debemos de meditar, de reflexionar, de nuestro tiempo, que estamos viviendo en ese tiempo. Esparcir, piedras, juntar, abrazar, abstenerse, perder, guardar, desechar.

Hay tiempo de tener cuidado con los comentarios y hay tiempo de ser cuidadoso e inteligente para no escuchar lo que no conviene escuchar, hay tiempo de guardar pensamientos viables y de no guardar pensamientos es decir inviables, y hay tiempo de desechar todo aquello que sabes que te hace daño, por ejemplo, cuidados con los pensamientos inviables, cuidado con las personas que nos quieren perjudican a través de chismes, debeos de ser cuidadosos e inteligentes y pedirle a Dios que nos guie, que nos de su sabiduría e inteligencia para todo. Los tiempos de suma importancia, por ejemplo, hay tiempo de amar, y hay tiempo desamar, hay tiempo de bonanza y hay tiempo de miseria y crisis alimentaria, hay tiempo de trabajar y hay tiempo de no poder trabajar, hay tiempo de gatear y hay tiempo de caminar, hay tiempo de tener hijos y hay tiempo de que los hijos se van, hay tiempo de amor y hay tiempo de odio, los tiempos se van y se quedan, de estar solo, y hay tiempo de que estas viviendo hoy día, en soledad. Así es la vida, nacimos solos, y solos nos quedamos hasta que llega la muerte de la persona, o de uno mismo. Lo importante es vivir los tiempos a tiempo, ni hay que vivir antes del tiempo y fuera del tiempo, ¿Usted que dice, mi querido lector(a), ¿está de acuerdo con los tiempos de cada uno de nosotros, los seres humanos? Reflexione, y pregúntese en este momento, ¿Qué esta pasando con los tiempos de este momento de mi existencia? ¡Estoy bien o estoy mal!

Discusión.

Tiempo de esparcir piedras, y tiempo de juntar piedras; tiempo de abrazar, y tiempo de abstenerse de abrazar; tiempo de buscar, y tiempo de perder; tiempo de guardar, y tiempo de desechar. Aquí nos habla Eclesiastés de ocho tiempos, y cada tiempo tiene su tiempo, cuando se nos adelanta el tiempo o se nos atrasa el tiempo, es porque no, hemos puesto atención a ese tiempo que nos está tocando vivir, y, además, es que se nos olvida que cada amanecer y en cada anochecer debemos de meditar, de reflexionar, de nuestro tiempo, que estamos viviendo en ese tiempo. Esparcir, piedras, juntar, abrazar, abstenerse, perder, guardar, desechar.

Debemos de respetar los tiempos, para poder vivir en armonía, tal como lo dice Dios el Creador de los cielos y la tierra, el Omnisciente, el que todo lo sabe.

Pues bien, si nos educamos a estar a tiempo con el tiempo que nos tova vivir, pues son etapas de nuestra existencia, vamos a vivir en armonía, tal como menos enfermedades mentales tanto físicas como mentales, y así habrá y menos estrés, menos ansiedad, menos angustias, menos insomnio, menos egocentrismo, y menos chismes. . Los tiempos de suma importancia, por ejemplo, hay tiempo de amar, y hay tiempo desamar, hay tiempo de bonanza y hay tiempo de miseria y crisis alimentaria, hay tiempo de trabajar y hay tiempo de no poder trabajar, hay tiempo de gatear y hay tiempo de caminar, hay tiempo de tener hijos y hay tiempo de que los hijos se van, hay tiempo de amor y hay tiempo de odio, los tiempos se van y se quedan, de estar solo, y hay tiempo de que estas viviendo hoy día, en soledad. Así es la vida, nacimos solos, y solos nos quedamos hasta que llega la muerte de la persona, o de uno mismo. Lo importante es vivir los tiempos a tiempo, ni hay que vivir antes del tiempo y fuera del tiempo, ¿Usted que dice, mi querido lector(a), ¿está de acuerdo con los tiempos de cada uno de nosotros, los seres humanos? Reflexione, y pregúntese en este momento, ¿Qué está pasando con los tiempos de este momento de mi existencia? ¡Estoy bien o estoy mal!

Imagen.

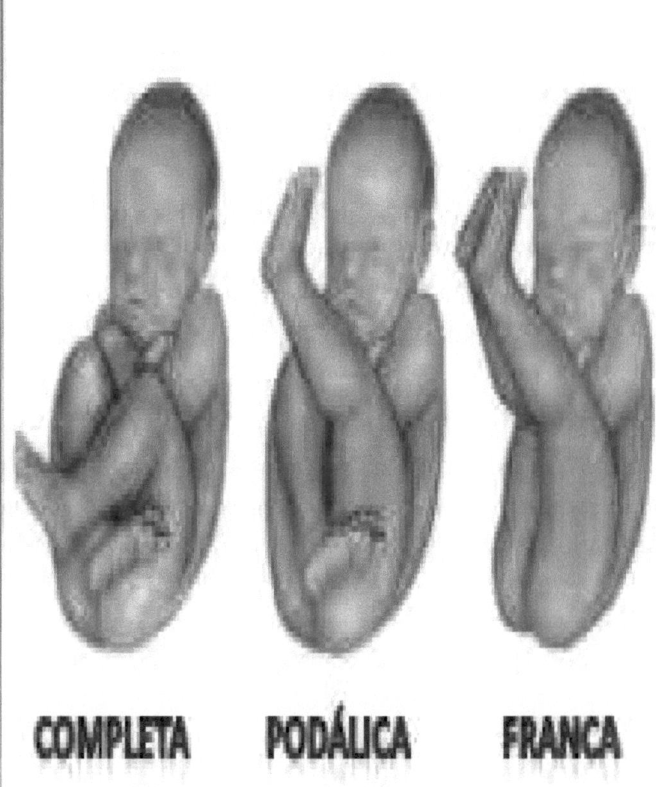

Cuadro mental.

Tiempo de esparcir piedras, y tiempo de juntar piedras; tiempo de abrazar, y tiempo de abstenerse de abrazar; tiempo de buscar, y tiempo de perder; tiempo de guardar, y tiempo de desechar. Aquí nos habla Eclesiastés de ocho tiempos, y cada tiempo tiene su tiempo, cuando se nos adelanta el tiempo o se nos atrasa el tiempo, es porque no, hemos puesto atención a ese tiempo que nos está tocando vivir, y además, es que se nos olvida que cada amanecer y en cada anochecer debemos de meditar, de reflexionar, de nuestro tiempo, que estamos viviendo en ese tiempo. Esparcir, piedras, juntar, abrazar, abstenerse, perder, guardar, desechar.

Debemos de respetar los tiempos, para poder vivir en armonía, tal como lo dice Dios el Creador de los cielos y la tierra, el Omnisciente, el que todo lo sabe.
Pues bien, si nos educamos a estar a tiempo con el tiempo que nos toca vivir, pues son etapas de nuestra existencia, vamos a vivir en armonía, tal como menos enfermedades mentales tanto físicas como mentales, y así habrá y menos estrés, menos ansiedad, menos angustias, menos insomnio, menos egocentrismo, y menos chismes. Los tiempos son en cada ser humano d ellos cuatro vientos, ya depende de cada persona como usar sus tiempos, pero hay que tener mucho cuidado, con los tiempos, porque en un descuido, los tiempos nos matan, nos atormentan, y nos dejan atónicos, sin habla, y hasta nos enloquecen, por no saber manejar nuestros tiempos de la vida, cada persona debería de manejar sus tiempos, porque en un descuido los tiempos nos manejan a nosotros los seres humanos. Y entonces será un horrible final de nuestras vidas.

Recapitulando.

Tiempo de esparcir piedras, y tiempo de juntar piedras; tiempo de abrazar, y tiempo de abstenerse de abrazar; tiempo de buscar, y tiempo de perder; tiempo de guardar, y tiempo de desechar. Aquí nos habla Eclesiastés de ocho tiempos, y cada tiempo tiene su tiempo, cuando se nos adelanta el tiempo o se nos atrasa el tiempo, es porque no, hemos puesto atención a ese tiempo que nos está tocando vivir, y además, es que se nos olvida que cada amanecer y en cada anochecer debemos de meditar, de reflexionar, de nuestro tiempo, que estamos viviendo en ese tiempo. Esparcir, piedras, juntar, abrazar, abstenerse, perder, guardar, desechar.

Hay tiempo de tener cuidado con los comentarios y hay tiempo de ser cuidadoso e inteligente para no escuchar lo que no conviene escuchar, hay tiempo de guardar pensamientos viables y de no guardar pensamientos es decir inviables, y hay tiempo de desechar todo aquello que sabes que te hace daño, por ejemplo, cuidados con los pensamientos inviables, cuidado con las personas que nos quieren perjudican a través de chismes, debeos de ser cuidadosos e inteligentes y pedirle a Dios que nos guie, que nos de su sabiduría e inteligencia para todo. Debemos de respetar los tiempos, para poder vivir en armonía, tal como lo dice Dios el Creador de los cielos y la tierra, el Omnisciente, el que todo lo sabe.

Pues bien, si nos educamos a estar a tiempo con el tiempo que nos toca vivir, pues son etapas de nuestra existencia, vamos a vivir en armonía, tal como menos enfermedades mentales tanto físicas como mentales, y así habrá y menos estrés, menos ansiedad, menos angustias, menos insomnio, menos egocentrismo, y menos chismes. Tiempo de esparcir piedras, y tiempo de juntar piedras; tiempo de abrazar, y tiempo de abstenerse de abrazar; tiempo de buscar, y tiempo de perder; tiempo de guardar, y tiempo de desechar.

Retomando el titulo de este capítulo que dice así:

Nacemos, crecemos, nos reproducimos y nos morimos.

(Vanidad de vanidades)

(Eclesiastés. Capítulo 3, versículos 1- 2).

Muy bien como ustedes leer, todo es vanidad de vanidades, nacemos, crecemos, nos reproducimos, y morimos, y esto es a través de tiempos, hay personas que no le interesan los tiempos de vida, y esto trae consecuencias terribles, tan solo por no cuidarse uno de su alimentación, del estrés, de su ansiedad y de fumar, e inhalantes mortíferos, como que hay personas que están buscando la muerte antes de tiempo y lo consiguen, ¡que lástima! ¡qué tristeza! que hay personas que no respetan la vida misma, sin pensar que hay un Ser Divino que es el Omnisciente que es el, que nos da la vida y nos la quita aquí en la tierra, porque cuando una persona estaba a punto de morir abre su boca, y sale **el alma y el espíritu porque ellos son Inmortales, y tienen que irse a donde le corresponde.** Tiempo de esparcir piedras, y tiempo de juntar piedras; tiempo de abrazar, y tiempo de abstenerse de abrazar; tiempo de buscar, y tiempo de perder; tiempo de guardar, y tiempo de desechar. Aquí nos habla Eclesiastés de ocho tiempos, y cada tiempo tiene su tiempo, cuando se nos adelanta el tiempo o se nos atrasa el tiempo, es porque no, hemos puesto atención a ese tiempo que nos está tocando vivir, y, además, es que se nos olvida que cada amanecer y en cada anochecer debemos de meditar, de reflexionar, de nuestro tiempo, que estamos viviendo en ese tiempo. Esparcir, piedras, juntar, abrazar, abstenerse, perder, guardar, desechar.

Debemos de respetar los tiempos, para poder vivir en armonía, tal como lo dice Dios el Creador de los cielos y la tierra, el Omnisciente, el que todo lo sabe.

Muy bien, creo que vamos muy bien, y ya nos dimos cuenta, que los tiempos están en nuestro interior y exterior, de nuestra existencia, desde que somos embrión en el vientre de nuestra madre hasta la vejez, que nos damos cuenta de que los tiempos son reales, y que cada ser humano tiene sus tiempos.

¿Qué
somos?
DYE
Cuerpo
Mente
Alma

Hay tiempo para amar, tiempo para desamar, hay tiempo para dormir y tiempo para activarnos en nuestras actividades, hay tiempo de vivir, y hay tiempo de morir, hay tiempo para abrazar y tiempo para desbrazar, hay tiempo para llorar Y no llorar, hay tiempo para reír y no reír. Vivimos a través de tiempos, en nuestro ciclo de nuestra existencia aquí en la tierra, sabemos que nuestro cuerpo con todos sus integrantes internos está formado de materia orgánica e inorgánica, y que tarde o temprano esta materia se tiene que desintegrar y lo inmortal se ira al espacio que son (el alma y el espíritu).

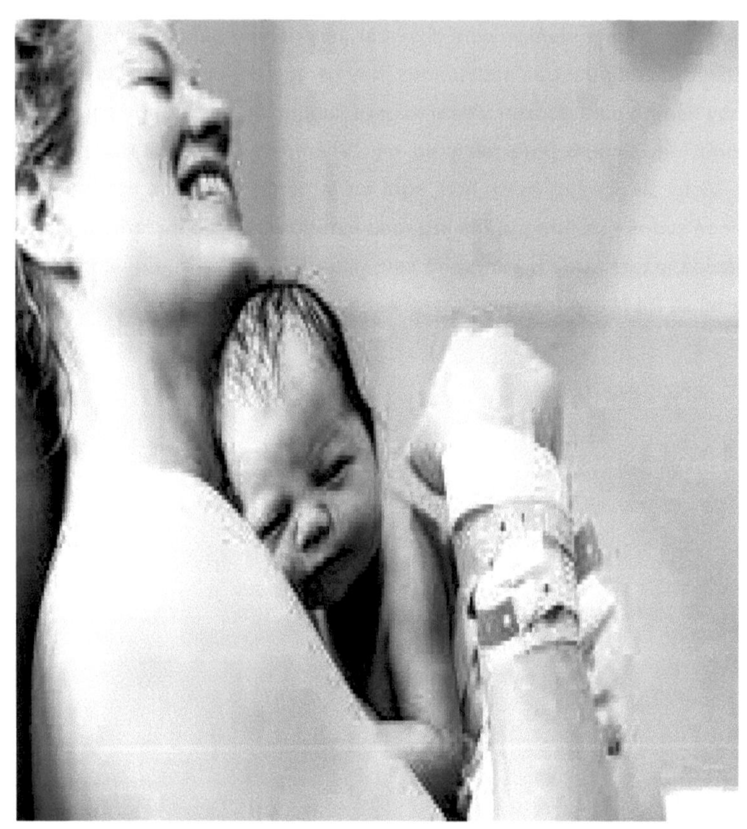

Capitulo cuatro.

Eclesiastés.

Capítulo 3, versículos. 7, 8. Dice así:

Tiempo de romper, y tiempo de coser; tiempo de callar, y tiempo de hablar; tiempo de amar, y tiempo de aborrecer; tiempo de guerra, y tiempo de paz.

Resumen.

Tiempo de romper, y tiempo de coser; tiempo de callar, y tiempo de hablar; tiempo de amar, y tiempo de aborrecer; tiempo de guerra, y tiempo de paz. Aquí en este capítulo cuarto, nos habla Eclesiastés, de tiempos, y así efectivamente, debemos de entender, comprender, y obedecer que cada etapa de nuestra vida , desde el parto de nuestra madre , que hay tiempos en nuestras etapas de vida, y que debemos de obedecer y aceptar nuestras etapas, todo aquella persona que no lo hace, pues vienen enfermedades psicosomáticas, depresiones, ansiedad, estrés, y además el famosos egocentrismo, y es una vida horrible, y todo por no obedecer nuestras etapas.

Palabras clave.

Romper, coser, callar, hablar, amar, aborrecer, guerra, paz.

Introducción.

Tiempo de romper, y tiempo de coser; tiempo de callar, y tiempo de hablar; tiempo de amar, y tiempo de aborrecer; tiempo de guerra, y tiempo de paz. Aquí en este capítulo cuarto, nos habla Eclesiastés, de tiempos, y así efectivamente, debemos de entender, comprender, y obedecer que cada etapa de nuestra vida , desde el parto de nuestra madre , que hay tiempos en nuestras etapas de vida, y que debemos de obedecer y aceptar nuestras etapas, todo aquella persona que no lo hace, pues vienen enfermedades psicosomáticas, depresiones, ansiedad, estrés, y además el famosos egocentrismo, y es una vida horrible, y todo por no obedecer nuestras etapas. Romper, coser, callar, hablar, amar, aborrecer, guerra, paz.

Hoy día tristemente algunos países están en guerra, y otros países están en paz, uno quisiera que no hubiese guerra en ningún pueblo, pero no es así, mientras otros están en paz, en armonía, en amar a los demás, pero los tiempos son una verdad científica, social, y debemos de callar cuando es tiempo de callar, y debemos de amar cuando hay que amar, tristemente en algunas personas les llega el tiempo de obedecer a otras personas, ¡qué triste! Pero es la verdad. Bueno cada quien reside que hacer con su vida, lo mas triste es que la mayoría de la población mundial, no saben decidir, que hacer con su vida, con si diario vivir, cada amanecer, cada anochecer, sus viudas se van acabando lentamente, sin rumbo fijo, parecen os nubes sin agua, cualquier problema nos arrastra hacia al abismo. Hay que meditar, hay que reflexionar, y recordar que existe un Dios de poder, un Dios que es Omnisciente, que todo lo sabe, que todo lo puede, que, para él, nada es imposible, que el nos ama, porque nos quiere a cada ser humanos de los cuatro vientos, a su imagen y a su semejanza, es por ello y más, que siempre nos ha amado y él tiene misericordia de nuestras vidas. Nada mas hay que creerle, que el nos da muchas oportunidades de caminar día a día, noche a noche con él, el acepta nuestra invitación de estar a su lado hoy y siempre. Pues bien, mano a la obra, hoy se inicia un diálogo, una comunicación con le Dios único de los cielos y de la tierra.

Metodología sistemática.

Tiempo de romper, y tiempo de coser; tiempo de callar, y tiempo de hablar; tiempo de amar, y tiempo de aborrecer; tiempo de guerra, y tiempo de paz. Aquí en este capítulo cuarto, nos habla Eclesiastés, de tiempos, y así efectivamente, debemos de entender, comprender, y obedecer que cada etapa de nuestra vida , desde el parto de nuestra madre , que hay tiempos en nuestras etapas de vida, y que debemos de obedecer y aceptar nuestras etapas, todo aquella persona que no lo hace, pues vienen enfermedades psicosomáticas, depresiones, ansiedad, estrés, y además el famosos egocentrismo, y es una vida horrible, y todo por no obedecer nuestras etapas. Y es una vida horrible, y todo por no obedecer nuestras etapas. Romper, coser, callar, hablar, amar, aborrecer, guerra, paz.

Hoy día tristemente algunos países están en guerra, y otros países están en paz, uno quisiera que no hubiese guerra en ningún pueblo, pero no es así, mientras otros están en paz, en armonía, en amar a los demás, pero los tiempos son una verdad científica, social, y debemos de callar cuando es tiempo de callar, y debemos de amar cuando hay que amar, tristemente en algún as personas deles llega el tiempo de obedecer a otras personas, ¡qué triste! Pero es la verdad. Tenemos tiempo de guerra en algunos países, y personas inocentes están muriéndose en este momento de los cuatro vientos, y tenemos tiempo de paz, en algunos países hay paz, por la misericordia y amor tan grande del Creador llamado el Dios Eterno. Tenemos tiempo de hablar, creo que hay que hablar en su momento, y tiempo de callar, hay ocasiones que hemos hablado antes del tiempo y esto nos tare muchos problemas, porque no, analizamos las palabras, no meditamos antes de hablar, y cometemos tantas locuras y problemas para uno mismo.

Discusión.

Hoy día tristemente algunos países están en guerra, y otros países están en paz, uno quisiera que no hubiese guerra en ningún pueblo, pero no es así, mientras otros están en paz, en armonía, en amar a los demás, pero los tiempos son una verdad científica, social, y debemos de callar cuando es tiempo de callar, y debemos de amar cuando hay que amar, tristemente en algún as personas deles llega el tiempo de obedecer a otras personas, ¡qué triste! Pero es la verdad.

Hay que aprender a hablar, y hay que aprender a callar en su momento, la historia de la humanidad siempre ha existido las guerras y también en su momento hay paz,

Hay tiempo para amar y tiempo para aborrecer, tristemente siempre ha sido así, yo digo que hoy día muy pocas personas aman sin esperar a cambio nada de la otra persona, y ese es el verdadero amor, que nuestro Dios - Jesucristo nos dejó , y nos sigue enseñando. Pero los tiempos son una verdad científica, social, y debemos de callar cuando es tiempo de callar, y debemos de amar cuando hay que amar, tristemente en algún as personas deles llega el tiempo de obedecer a otras personas, ¡qué triste! Pero es la verdad. Tenemos tiempo de guerra en algunos países, y personas inocentes están muriéndose en este momento de los cuatro vientos, y tenemos tiempo de paz, en algunos países hay paz, por la misericordia y amor tan grande del Creador llamado el Dios Eterno. Tenemos tiempo de hablar, creo que hay que hablar en su momento, y tiempo de callar, hay ocasiones que hemos hablado antes del tiempo y esto nos tare muchos problemas, porque no, analizamos las palabras, no meditamos antes de hablar, y cometemos tantas locuras y problemas para uno mismo. Caemos y nos levantamos, volvemos a caer y nos volvemos a levantar esa es la triste historia d de nuestras vidas, ¡cómo somos necios! ¿hasta cuándo vamos a prender a vivir en paz, en armonía, en amor!

Imagen.

Cuadro mental.

Hoy día tristemente algunos países están en guerra, y otros países están en paz, uno quisiera que no hubiese guerra en ningún pueblo, pero no es así, mientras otros están en paz, en armonía, en amar a los demás, pero los tiempos son una verdad científica, social, y debemos de callar cuando es tiempo de callar, y debemos de amar cuando hay que amar, tristemente en algún as personas deles llega el tiempo de obedecer a otras personas, ¡qué triste! Pero es la verdad. Tenemos tiempo de guerra en algunos países, y personas inocentes están muriéndose en este momento de los cuatro vientos, y tenemos tiempo de paz, en algunos países hay paz, por la misericordia y amor tan grande del Creador llamado el Dios Eterno. Tenemos tiempo de hablar, creo que hay que hablar en su momento, y tiempo de callar, hay ocasiones que hemos hablado antes del tiempo y esto nos tare muchos problemas, porque no, analizamos las palabras, no meditamos antes de hablar, y cometemos tantas locuras y problemas para uno mismo. Hay que tener mucho cuidado cuándo estemos dialogando, con otras personas, hay que tener cuidado con las palabras que salen de nuestros labios, ¡mucho cuidado! Porque, hablamos mal de otras personas, vamos a tener muchos problemas en nuestro interior, en nuestra mente y conciencia, y con las demás personas, que estemos dialogando, vale mas callar que hablar, dicen por ahí, que el sabio calla mientras que el necio habla puras locuras.

¿Tu de cual lado estas, de hablar mucho o de guardar silencio!

Recapitulando.

Hoy día tristemente algunos países están en guerra, y otros países están en paz, uno quisiera que no hubiese guerra en ningún pueblo, pero no es así, mientras otros están en paz, en armonía, en amar a los demás, pero los tiempos son una verdad científica, social, y debemos de callar cuando es tiempo de callar, y debemos de amar cuando hay que amar, tristemente en algún as personas deles llega el tiempo de obedecer a otras personas, ¡qué triste! Pero es la verdad. Tenemos tiempo de guerra en algunos países, y personas inocentes están muriéndose en este momento de los cuatro vientos, y tenemos tiempo de paz, en algunos países hay paz, por la misericordia y amor tan grande del Creador llamado el Dios Eterno. Tenemos tiempo de hablar, creo que hay que hablar en su momento, y tiempo de callar, hay ocasiones que hemos hablado antes del tiempo y esto nos tare muchos problemas, porque no, analizamos las palabras, no meditamos antes de hablar, y cometemos tantas locuras y problemas para uno mismo. Tenemos tiempo de hablar, creo que hay que hablar en su momento, y tiempo de callar, hay ocasiones que hemos hablado antes del tiempo y esto nos tare muchos problemas, porque no, analizamos las palabras, no meditamos antes de hablar, y cometemos tantas locuras y problemas para uno mismo. Hay que tener mucho cuidado cuándo estemos dialogando, con otras personas, hay que tener cuidado con las palabras que salen de nuestros labios, ¡mucho cuidado! Porque, hablamos mal de otras personas, vamos a tener muchos problemas en nuestro interior, en nuestra mente y conciencia, y con las demás personas, que estemos dialogando, vale más callar que hablar, dicen por ahí, que el sabio calla mientras que el necio habla puras locuras.

¿Tú de cual lado estas, de hablar mucho o de guardar silencio!

La humildad.
es el reflejo de la grandeza
de tu corazón y la riqueza
de tus sentimientos.

Nos falta mucha humildad, hoy día, nos están ganando la soberbia, la arrogancia, las guerras, las envidias, el ego, la pereza mental y física, nos esta ganando todos los factores que nos están llevando a la Sima, al abismo, y no queremos hacer nada por remediar, y sobre todo por cambiar, para vivir mejor que hoy día, me pregunto: ¿Qué nos esta pasando? ¿Por qué no queremos cambiar? A pesar de que estamos viviendo un tiempo muy difícil en todos los ámbitos de la sociedad. Hay tiempo para amar y tiempo para aborrecer, tristemente siempre ha sido así, yo digo que hoy día muy pocas personas aman sin esperar a cambio nada de la otra persona, y ese es el verdadero amor, que nuestro Dios - Jesucristo nos dejó, y nos sigue enseñando. Pero los tiempos son una verdad científica, social, y debemos de callar cuando es tiempo de callar, y debemos de amar cuando hay que amar, tristemente en algún as personas deles llega el tiempo de obedecer a otras personas, ¡qué triste! Pero es la verdad. Tenemos tiempo de guerra en algunos países, y personas inocentes están muriéndose en este momento de los cuatro vientos, y tenemos tiempo de paz, en algunos países hay paz, por la misericordia y amor tan grande del Creador llamado el Dios Eterno. Tenemos tiempo de hablar, creo que hay que hablar en su momento, y tiempo de callar, hay ocasiones que hemos hablado antes del tiempo y esto nos tare muchos problemas, porque no, analizamos las palabras, no meditamos antes de hablar, y cometemos tantas locuras y problemas para uno mismo. Caemos y nos levantamos, volvemos a caer y nos volvemos a levantar esa es la triste historia d de nuestras vidas, ¡cómo somos necios! ¿hasta cuándo vamos a prender a vivir en paz, en armonía, en amor! Bien, creo que vamos por un buen camino con este hermoso libro, página tras página, nos deleita el autor con grandes mensajes, para mí, y para toda la humanidad de este mundo, de hoy.

Vamos por un buen camino, rumbo a la Cima que todos y cada uno de nosotros si lo que queremos seguir viviendo, tal como se debe de vivir.

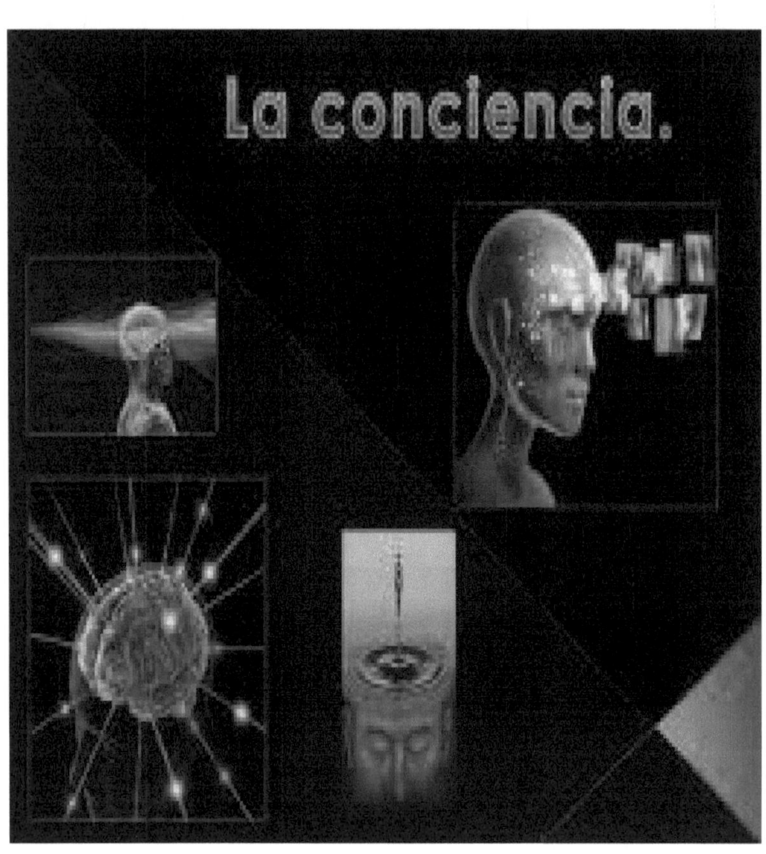
La conciencia.

Capitulo cinco.

Eclesiastés, capítulo 3, versículos. 9-10 dice así.

¿Qué provecho tiene el que trabaja, de aquello en que se afana? Yo he visto el trabajo que Dios ha dado a los hijos de los hombres para que se ocupen en él.

Resumen.

¿Qué provecho tiene el que trabaja, de aquello en que se afana? Yo he visto el trabajo que Dios ha dado a los hijos de los hombres para que se ocupen en él. Dios quiere que uno trabaje, pero que le demos tiempo a él, orando, servid a los demás, no ser egoístas, ser humildes, y tener muy presente que todos y cada uno de nosotros los seres humanos estamos de pasada en esta tierra, que cuerpo, organismo, está compuesto de materia orgánica e inorgánica y que tarde o temprano se volverá polvo, es por ello, lo que se dice así: polvo eres y polvo te convertirás.

Palabras clave. Afanarse, trabajar, dedicación al Dios- Eterno, estar con él, Provecho, madurez espiritual.

Introducción.

¿Qué provecho tiene el que trabaja, de aquello en que se afana? Yo he visto el trabajo que Dios ha dado a los hijos de los hombres para que se ocupen en él. Dios quiere que uno trabaje, pero que le demos tiempo a él, orando, servid a los demás, no ser egoístas, ser humildes, y tener muy presente que todos y cada uno de nosotros los seres humanos estamos de pasada en esta tierra, que cuerpo, organismo, está compuesto de materia orgánica e inorgánica y que tarde o temprano se volverá polvo, es por ello, lo que se dice así: polvo eres y polvo te convertirás. Afanarse, trabajar, dedicación al Dios- Eterno, estar con él, provecho, madurez espiritual. Muy bien, hay que tener mucho cuidado con el estilo de vida que llevamos, a veces, pensamos que estamos muy bien, así en nuestro estilo de vida, y la verdad es que andamos muy mal, para ello hay que parar en nuestro diario vivir, y meditar, reflexionar, y preguntarnos: ¿Qu estoy haciendo con i estilo de vida? ¿Hacia dónde voy con esta vida que llevo? ¿Acaso estoy bien así, como estoy o estoy equivocado? Hay que tener cuidado en el caminar, porque, tenemos caídas, y levantadas, aquí lo mas importante te es no caer, sino ¡como me voy a levantar de la caída!. Muy bien creo que estamos haciendo bien con este capitulo de este hermoso libro que estoy elaborando para todo lector(a) que quiera leerlo con mucha atención, con pasión, con ánimo, con interés, con entusiasmo.

¿Qué le parece mi querido lector(a)? Vamos bien o nos detenemos para reflexionar por algunos minutos y retomar la escritura para que todo salga muy bien al terminar este hermoso libro. Creo sinceramente que vamos muy bien, es un buen principio este hermoso día, que nuestro Dios nos regala, para hacer las cosas correctas, para que todo aquí o aquella quiera vivir mejor, pues reflexione algunos minutos y se pregunte: ¿Hacia dónde voy? Bueno manos ala obra, continuamos reflexionando, para plasmar los pensamientos correctos en este momento, este hermoso día.

Metodología sistemática.

¿Qué provecho tiene el que trabaja, de aquello en que se afana? Yo he visto el trabajo que Dios ha dado a los hijos de los hombres para que se ocupen en él. Dios quiere que uno trabaje, pero que le demos tiempo a él, orando, servid a los demás, no ser egoístas, ser humildes, y tener muy presente que todos y cada uno de nosotros los seres humanos estamos de pasada en esta tierra, que cuerpo, organismo, está compuesto de materia orgánica e inorgánica y que tarde o temprano se volverá polvo, es por ello, lo que se dice así: polvo eres y polvo te convertirás. Afanarse, trabajar, dedicación al Dios- Eterno, estar con él, provecho, madurez espiritual. Cuantas personas se afanan tanto para trabajar, que se olvidan de su salud interna y externa, de su salud mental de su peso, en fin, de todas las áreas que integrar al ser humano, que al final de todo trabajo tan ardua, caen en una depresión, en una soledad, en una obesidad, en una ansiedad, en una psicosis psicosomática a tal grado que algunas personas de los cuatro vientos se han quitado a la vida por ello y más. ¡Qué necesidad es trabajar tanto!, si solo son ocho de trabajo, no conviene trabajar tanto, yo conozco personas que trabajan día y noche, y pasan algunos años, y después los veo acabados, enfermos, solos en sus casas y todo por trabajar de más, el organismo responde a lo normal y a, lo anormal.

¿Qué le parece mi querido lector(a)? Vamos bien o nos detenemos para reflexionar por algunos minutos y retomar la escritura para que todo salga muy bien al terminar este hermoso libro. Creo sinceramente que vamos muy bien, es un buen principio este hermoso día, que nuestro Dios nos regala, para hacer las cosas correctas, para que todo aquí o aquella quiera vivir mejor, pues reflexione algunos minutos y se pregunte: ¿Hacia dónde voy? Bueno manos a la obra, continuamos reflexionando, para plasmar los pensamientos correctos en este momento, este hermoso día.

Discusión.

¿Qué provecho tiene el que trabaja, de aquello en que se afana? Yo he visto el trabajo que Dios ha dado a los hijos de los hombres para que se ocupen en él. Dios quiere que uno trabaje, pero que le demos tiempo a él, orando, servid a los demás, no ser egoístas, ser humildes, y tener muy presente que todos y cada uno de nosotros los seres humanos estamos de pasada en esta tierra, que cuerpo, organismo, está compuesto de materia orgánica e inorgánica y que tarde o temprano se volverá polvo, es por ello, lo que se dice así: polvo eres y polvo te convertirás. Afanarse, trabajar, dedicación al Dios- Eterno, estar con él, provecho, madurez espiritual. ¡Qué necesidad es trabajar tanto!, si solo son ocho de trabajo, no conviene trabajar tanto, yo conozco personas que trabajan día y noche, y pasan algunos años, y después los veo acabados, enfermos, solos en sus casas y todo por trabajar de más, el organismo responde a lo normal y a, lo anormal.

¿Qué le parece mi querido lector(a)? Vamos bien o nos detenemos para reflexionar por algunos minutos y retomar la escritura para que todo salga muy bien al terminar este hermoso libro. Creo sinceramente que vamos muy bien, es un buen principio este hermoso día, que nuestro Dios nos regala, para hacer las cosas correctas, para que todo aquí o aquella quiera vivir mejor, pues reflexione algunos minutos y se pregunte: ¿Hacia dónde voy? Bueno manos a la obra, continuamos reflexionando, para plasmar los pensamientos correctos en este momento, este hermoso día. Hay que tener mucho cuidado, creo que es muy importante en cada amanecer orar y darle gracias al Creador por dejarnos amanecer un día más, de nuestras vidas, y encada anochecer igualmente orar para darle gracias a Dios por dejarnos estar esta noche, porque el tiene el poder, y por él estanos viviendo un día más, una noche más, cuando el quiera nos quita la vida es decir muere la materia orgánica e inorgánica y sale el alma y el espíritu a darle cuentas al Creador de todo o que hicimos lo malo y lo bueno cuándo estábamos aquí en la tierra. ¿Cómo lo ve?, ¡verdad que esta para pensarlo una vez más, que tipo de vida estamos llevando hoy día!

Imagen.

Porque yo
Jehová soy tu
Dios, quien te
sostiene de tu
mano derecha,
y te dice:
No temas,
yo te ayudo.
Isaías 41:13
Mensaje Adventista

Cuadro mental.

¿Qué provecho tiene el que trabaja, de aquello en que se afana? Yo he visto el trabajo que Dios ha dado a los hijos de los hombres para que se ocupen en él. Dios quiere que uno trabaje, pero que le demos tiempo a él, orando, servid a los demás, no ser egoístas, ser humildes, y tener muy presente que todos y cada uno de nosotros los seres humanos estamos de pasada en esta tierra, que cuerpo, organismo, está compuesto de materia orgánica e inorgánica y que tarde o temprano se volverá polvo, es por ello, lo que se dice así: polvo eres y polvo te convertirás. Afanarse, trabajar, dedicación al Dios- Eterno, estar con él,

Provecho, madurez espiritual.

Hablemos hay personas que nos afanamos tanto en el trabajo, que nos hemos olvidado de nuestra esposa, de nuestros hijos e hijas, y cuando menos te des cuenta, todo se ha perdió, por culpa de que nos afanamos tanto en el trabajo, que no, le damos tiempo a nuestros seres queridos, hay que tener mucho cuidado con ello, muchas familias de los cuatro vientos les está sucediendo en esto momento esta terrible situación. Pregúntese. ¿Qué estoy haciendo con mi vida hoy este hermoso día? Y va a estar reflexionado, de muchas cosas que está haciendo equivocadamente, pero hoy es el día que usted puede si quiere mejorara su estilo de vida, para bien suyo y d ellos demás, hoy empiece una nueva vida, dejar todo lo malo atrás, el pasado ya no cuenta, lo más importante es este hermoso día, y hay que darle gracias al Creador por su infinito amor y grande su misericordia. Muy bien, vale pena vivir correctamente y ser útil para los demás.

Recapitulación.

¿Qué provecho tiene el que trabaja, de aquello en que se afana? Yo he visto el trabajo que Dios ha dado a los hijos de los hombres para que se ocupen en él. Dios quiere que uno trabaje, pero que le demos tiempo a él, orando, servid a los demás, no ser egoístas, ser humildes, y tener muy presente que todos y cada uno de nosotros los seres humanos estamos de pasada en esta tierra, que cuerpo, organismo, está compuesto de materia orgánica e inorgánica y que tarde o temprano se volverá polvo, es por ello, lo que se dice así: polvo eres y polvo te convertirás. Afanarse, trabajar, dedicación al Dios- Eterno, estar con él, provecho, madurez espiritual. Cuantas personas se afanan tanto para trabajar, que se olvidan de su salud interna y externa, de su salud mental de su peso, en fin, de todas las áreas que integrar al ser humano, que al final de todo trabajo tan ardua, caen en una depresión, en una soledad, en una obesidad, en una ansiedad, en una psicosis psicosomática a tal grado que algunas personas de los cuatro vientos se han quitado a la vida por ello y más. ¡Qué necesidad es trabajar tanto!, si solo son ocho de trabajo, no conviene trabajar tanto, yo conozco personas que trabajan día y noche, y pasan algunos años, y después los veo acabados, enfermos, solos en sus casas y todo por trabajar de más, el organismo responde a lo normal y a, lo anormal.

. Pregúntese. ¿Qué estoy haciendo con mi vida hoy este hermoso día? Y va a estar reflexionado, de muchas cosas que está haciendo equivocadamente, pero hoy es el día que usted puede si quiere mejorara su estilo de vida, para bien suyo y d ellos demás, hoy empiece una nueva vida, dejar todo lo malo atrás, el pasado ya no cuenta, lo más importante es este hermoso día, y hay que darle gracias al Creador por su infinito amor y grande su misericordia.

Muy bien, vale pena vivir correctamente y ser útil para los demás.

En la imagen anterior, que ve su imagen a través del espejo, y se siente sola, deprimida, en soledad, con una ansiedad terrible, y porque esta solas, por sus afanes de la vida diaria, que descuido a su familia, a su esposo, que se afán tanto, que se quedó sola, muchas veces termina en un hospital internadas otros y otras en un manicomio, ¡que triste! Pero llega a suceder.

¿Qué provecho tiene el que trabaja, de aquello en que se afana? Yo he visto el trabajo que Dios ha dado a los hijos de los hombres para que se ocupen en él. Dios quiere que uno trabaje, pero que le demos tiempo a él, orando, servid a los demás, no ser egoístas, ser humildes, y tener muy presente que todos y cada uno de nosotros los seres humanos estamos de pasada en esta tierra, que cuerpo, organismo, está compuesto de materia orgánica e inorgánica y que tarde o temprano se volverá polvo, es por ello, lo que se dice asi: polvo eres y polvo te convertirás. Afanarse, trabajar, dedicación al Dios- Eterno, estar con él,

Provecho, madurez espiritual.

Si nos afanamos de día y noche, vamos a llegar a una ansiedad, a un estrés emocional, a una angustia, a una obesidad desordenada, enfermades psíquicas, emocionales, hemos llegado a un egocentrismo, en fin, es un caos, terrible. Pero lo bueno es que tenemos un Dios Eterno. . Pregúntese. ¿Qué estoy haciendo con mi vida hoy este hermoso día? Y va a estar reflexionado, de muchas cosas que está haciendo equivocadamente, pero hoy es el día que usted puede si quiere mejorara su estilo de vida, para bien suyo y d ellos demás, hoy empiece una nueva vida, dejar todo lo malo atrás, el pasado ya no cuenta, lo más importante es este hermoso día, y hay que darle gracias al Creador por su infinito amor y grande su misericordia.

Muy bien, vale pena vivir correctamente y ser útil para los demás.

¿Qué provecho tiene el que trabaja, de aquello en que se afana? Yo he visto el trabajo que Dios ha dado a los hijos de los hombres para que se ocupen en él. Dios quiere que uno trabaje, pero que le demos tiempo a él, orando, servid a los demás, no ser egoístas, ser humildes, y tener muy presente que todos y cada uno de nosotros los seres humanos estamos de pasada en esta tierra, que cuerpo, organismo, está compuesto de materia orgánica e inorgánica y que tarde o temprano se volverá polvo, es por ello, lo que se dice así: polvo eres y polvo te convertirás. Afanarse, trabajar, dedicación al Dios- Eterno, estar con él, provecho, madurez espiritual. Cuantas personas se afanan tanto para trabajar, que se olvidan de su salud interna y externa, de su salud mental de su peso, en fin, de todas las áreas que integrar al ser humano, que al final de todo trabajo tan ardua, caen en una depresión, en una soledad, en una obesidad, en una ansiedad, en una psicosis psicosomática a tal grado que algunas personas de los cuatro vientos se han quitado a la vida por ello y más. ¡Qué necesidad es trabajar tanto!, si solo son ocho de trabajo, no conviene trabajar tanto, yo conozco personas que trabajan día y noche, y pasan algunos años, y después los veo acabados, enfermos, solos en sus casas y todo por trabajar de más, el organismo responde a lo normal y a, lo anormal.

¿Qué le parece mi querido lector(a)? Vamos bien o nos detenemos para reflexionar por algunos minutos y retomar la escritura para que todo salga muy bien al terminar este hermoso libro. Creo sinceramente que vamos muy bien, es un buen principio este hermoso día, que nuestro Dios nos regala, para hacer las cosas correctas, para que todo aquí o aquella quiera vivir mejor, pues reflexione algunos minutos y se pregunte: ¿Hacia dónde voy? Bueno manos a la obra, continuamos reflexionando, para plasmar los pensamientos correctos en este momento, este hermoso día.

Capitulo seis.

Eclesiastés. Capítulo 3, versículos 11- 12 dice así. Todo lo hizo hermoso en su tiempo; y ha puesto eternidad en el corazón de ellos, sin que alcance el hombre a entender la obra que ha hecho Dios desde el principio hasta el fin. Yo he conocido que no hay para ellos cosa mejor que alegrarse, y a ver el bien en su vida.

Resumen. Todo lo hizo hermoso en si tiempo; y ha puesto eternidad en el corazón de ellos, sin que alcance el hombre a entender la obra que ha hecho Dios desde el principio hasta el fin. Yo he conocido que no hay para ellos cosa mejor que alegrarse, y a ver el bien en su vida. La humanidad debeos de ser felices, pero nos gusta la maldad, la infelicidad, siempre estamos buscando las intrigas, los corajes, los instintos carnales e inmorales, así somos, solo hay un remante en los cuatro vientos, que son fieles ante Dios, y el los bendice en todo tiempo.

Palabras clave.

Tiempo, corazón, obra, Dios, Eterno, Cielos, Tierra, misericordia.

Introducción.

Todo lo hizo hermoso en si tiempo; y ha puesto eternidad en el corazón de ellos, sin que alcance el hombre a entender la obra que ha hecho Dios desde el principio hasta el fin. Yo he conocido que no hay para ellos cosa mejor que alegrarse, y a ver el bien en su vida. La humanidad debeos de ser felices, pero nos gusta la maldad, la infelicidad, siempre estamos buscando las intrigas, los corajes, los instintos carnales e inmorales, así somos, solo hay un remante en los cuatro vientos, que son fieles ante Dios, y el los bendice en todo tiempo. Tiempo, corazón, obra, Dios, Eterno, Cielos, Tierra, misericordia. **3:11. Todo**. Cada actividad o acontecimiento para el que se puede fijar un punto culminante. **Hermoso**. Conveniente o apropiado. Esta frase resuena con el eco de: "Y vio todo lo que había hecho, y he aquí que era bueno en gran manera" (Genesis. 1:31). Incluso en un universo bajo maldición, la actividad no debería ser sin sentido. Su futilidad reside en la fugaz satisfacción del hombre y en rehusar confiar en la sabiduría del Dios soberano. **Ha puesto eternidad en el corazón de ellos.** Dios hizo a los hombres para su propósito eterno, y nada en el tiempo posterior a la caída puede darles una satisfacción plena.

3: 12 alegrarse, y hacer bien. Estas palabras capturan la meta del mensaje de Salomón del que se hace eco y amplia en Eclesiastés capítulo 11: versículos 9, 10 y de nuevo en capitulo 12: versículos 13, y 14. A través de los tiempos, nosotros los seres humanos, no hemos entendido, comprendido con exactitud, la obra maravillosa de dios el Omnisciente, y para el colmo, no, nos ponemos a meditar, a reflexionar profundamente con el Creador ha hecho todos los cielos y la tierra, y que ADN de cada fruto, animal, ser humano está a la perfección, no hemos alcanzado a valorar cual grande es Dios, y además con su amor verdadero y su misericordia ha hecho todo y que a nosotros los seres humanos nos hizo a su imagen y semejanza, ,pero no lo valoramos, hasta el día de hoy seguimos tan ignorantes.52

Metodología sistemática.

Todo lo hizo hermoso en su tiempo; y ha puesto eternidad en el corazón de ellos, sin que alcance el hombre a entender la obra que ha hecho Dios desde el principio hasta el fin. Yo he conocido que no hay para ellos cosa mejor que alegrarse, y a ver el bien en su vida. La humanidad debeos de ser felices, pero nos gusta la maldad, la infelicidad, siempre estamos buscando las intrigas, los corajes, los instintos carnales e inmorales, así somos, solo hay un remante en los cuatro vientos, que son fieles ante Dios, y el los bendice en todo tiempo. Tiempo, corazón, obra, Dios, Eterno, Cielos, Tierra, misericordia. **3:11. Todo**. Cada actividad o acontecimiento para el que se puede fijar un punto culminante. **Hermoso**. Conveniente o apropiado. Esta frase resuena con el eco de: "Y vio todo lo que había hecho, y he aquí que era bueno en gran manera" (Genesis. 1:31). Incluso en un universo bajo maldición, la actividad no debería ser sin sentido. Su futilidad reside en la fugaz satisfacción del hombre y en rehusar confiar en la sabiduría del Dios soberano. **Ha puesto eternidad en el corazón de ellos.** Dios hizo a los hombres para su propósito eterno, y nada en el tiempo posterior a la caída puede darles una satisfacción plena.

3: 12 alegrarse, y hacer bien. Estas palabras capturan la meta del mensaje de Salomón del que se hace eco y amplia en Eclesiastés capítulo 11: versículos 9, 10 y de nuevo en capítulo 12: versículos 13, y 14. Dice La Biblia, que, en los cuatro vientos, en toda la Tierra no hay un justo ante Dios, lo menciono para que nadie diga: yo soy santo, por favor, algo tenemos en nuestro interior (mente, conciencia, sueños, en lo más profundo de nuestro ser) ahí hay algo que le estorba al Creador.

Somos muy amantes de critica a todo mundo, cuando deberíamos de examinarnos cada segundo de nuestra existencia todos y cada uno de nosotros.

¿Metodología sistemática?

Todo lo hizo hermoso en su tiempo; y ha puesto eternidad en el corazón de ellos, sin que alcance el hombre a entender la obra que ha hecho Dios desde el principio hasta el fin. Yo he conocido que no hay para ellos cosa mejor que alegrarse, y a ver el bien en su vida. La humanidad debeos de ser felices, pero nos gusta la maldad, la infelicidad, siempre estamos buscando las intrigas, los corajes, los instintos carnales e inmorales, así somos, solo hay un remante en los cuatro vientos, que son fieles ante Dios, y el los bendice en todo tiempo. Tiempo, corazón, obra, Dios, Eterno, Cielos, Tierra, misericordia. **3:11. Todo**. Cada actividad o acontecimiento para el que se puede fijar un punto culminante. **Hermoso**. Conveniente o apropiado. Esta frase resuena con el eco de: "Y vio todo lo que había hecho, y he aquí que era bueno en gran manera" (Genesis. 1:31). Incluso en un universo bajo maldición, la actividad no debería ser sin sentido. Su futilidad reside en la fugaz satisfacción del hombre y en rehusar confiar en la sabiduría del Dios soberano. Acaso Dios se equivoca, hay que recordar que Dios es Omnisciente, es Omnipresente y es Omnipotente, es por ello por lo que todas las ciencias que conocemos y las que no conocemos, el las conoce porque están en su interior. **Ha puesto eternidad en el corazón de ellos.** Dios hizo a los hombres para su propósito eterno, y nada en el tiempo posterior a la caída puede darles una satisfacción plena. El Sublime, el Altísimo, el Santo, con su infinito Amor y su Gran Misericordia, todos y cada uno de nosotros, Dios Yahweh (el Ruaj de Yahweh, el Yawshua) nos ama tanto que quiere que todos y cada uno de nosotros estenos un día con el allá en el tercer cielo juntamente con él, el lo anhela con todo su corazón. ¿Usted que dice mi querido lector(a)? se podrá, ya depende de cada uno de nosotros, ¡si nos vamos o nos quedamos!

Discusión.

Todo lo hizo hermoso en si tiempo; y ha puesto eternidad en el corazón de ellos, sin que alcance el hombre a entender la obra que ha hecho Dios desde el principio hasta el fin. Yo he conocido que no hay para ellos cosa mejor que alegrarse, y a ver el bien en su vida. La humanidad debeos de ser felices, pero nos gusta la maldad, la infelicidad, siempre estamos buscando las intrigas, los corajes, los instintos carnales e inmorales, así somos, solo hay un remante en los cuatro vientos, que son fieles ante Dios, y el los bendice en todo tiempo. Tiempo, corazón, obra, Dios, Eterno, Cielos, Tierra, misericordia. **3:11. Todo**. Cada actividad o acontecimiento para el que se puede fijar un punto culminante. **Hermoso**. Conveniente o apropiado. Esta frase resuena con el eco de: "Y vio todo lo que había hecho, y he aquí que era bueno en gran manera" (Genesis. 1:31). Incluso en un universo bajo maldición, la actividad no debería ser sin sentido. Su futilidad reside en la fugaz satisfacción del hombre y en rehusar confiar en la sabiduría del Dios soberano. **Ha puesto eternidad en el corazón de ellos.** Dios hizo a los hombres para su propósito eterno, y nada en el tiempo posterior a la caída puede darles una satisfacción plena.

Acaso Dios se equivoca, hay que recordar que Dios es Omnisciente, es Omnipresente y es Omnipotente, es por ello por lo que todas las ciencias que conocemos y las que no conocemos, el las conoce porque están en su interior. Dios hizo a los hombres para su propósito eterno, y nada en el tiempo posterior a la caída puede darles una satisfacción plena. El Sublime, el Altísimo, el Santo, con su infinito Amor y su Gran Misericordia, todos y cada uno de nosotros, Dios Yahweh (el Ruaj de Yahweh, el Yawshua) nos ama tanto que quiere que todos y cada uno de nosotros estenos un día con el allá en el tercer cielo juntamente con él, él lo anhela con todo su corazón. ¿Usted que dice mi querido lector(a)? se podrá, ya depende de cada uno de nosotros, ¡si nos vamos o nos quedamos!

Imagen.

Cuadro mental.

Todo lo hizo hermoso en si tiempo; y ha puesto eternidad en el corazón de ellos, sin que alcance el hombre a entender la obra que ha hecho Dios desde el principio hasta el fin. Yo he conocido que no hay para ellos cosa mejor que alegrarse, y a ver el bien en su vida. La humanidad debeos de ser felices, pero nos gusta la maldad, la infelicidad, siempre estamos buscando las intrigas, los corajes, los instintos carnales e inmorales, así somos, solo hay un remante en los cuatro vientos, que son fieles ante Dios, y el los bendice en todo tiempo. Tiempo, corazón, obra, Dios, Eterno, Cielos, Tierra, misericordia. **3:11. Todo**. Cada actividad o acontecimiento para el que se puede fijar un punto culminante. **Hermoso**. Conveniente o apropiado. Esta frase resuena con el eco de: "Y vio todo lo que había hecho, y he aquí que era bueno en gran manera" (Genesis. 1:31). Incluso en un universo bajo maldición, la actividad no debería ser sin sentido. Su futilidad reside en la fugaz satisfacción del hombre y en rehusar confiar en la sabiduría del Dios soberano. **Ha puesto eternidad en el corazón de ellos.** Dios hizo a los hombres para su propósito eterno, y nada en el tiempo posterior a la caída puede darles una satisfacción plena.

Acaso Dios se equivoca, hay que recordar que Dios es Omnisciente, es Omnipresente y es Omnipotente, es por ello por lo que todas las ciencias que conocemos y las que no conocemos, el las conoce porque están en su interior.

Recapitulando.

Todo lo hizo hermoso en si tiempo; y ha puesto eternidad en el corazón de ellos, sin que alcance el hombre a entender la obra que ha hecho Dios desde el principio hasta el fin. Yo he conocido que no hay para ellos cosa mejor que alegrarse, y a ver el bien en su vida. La humanidad debeos de ser felices, pero nos gusta la maldad, la infelicidad, siempre estamos buscando las intrigas, los corajes, los instintos carnales e inmorales, así somos, solo hay un remante en los cuatro vientos, que son fieles ante Dios, y el los bendice en todo tiempo. Tiempo, corazón, obra, Dios, Eterno, Cielos, Tierra, misericordia. **3:11. Todo**. Cada actividad o acontecimiento para el que se puede fijar un punto culminante. **Hermoso**. Conveniente o apropiado. Esta frase resuena con el eco de: "Y vio todo lo que había hecho, y he aquí que era bueno en gran manera" (Genesis. 1:31). Incluso en un universo bajo maldición, la actividad no debería ser sin sentido. Su futilidad reside en la fugaz satisfacción del hombre y en rehusar confiar en la sabiduría del Dios soberano. **Ha puesto eternidad en el corazón de ellos.** Dios hizo a los hombres para su propósito eterno, y nada en el tiempo posterior a la caída puede darles una satisfacción plena.

3: 12 alegrarse, y hacer bien. Estas palabras capturan la meta del mensaje de Salomón del que se hace eco y amplia en Eclesiastés capítulo 11: versículos 9, 10 y de nuevo en capítulo 12: versículos 13, y 14. Acaso Dios se equivoca, hay que recordar que Dios es Omnisciente, es Omnipresente y es Omnipotente, es por ello por lo que todas las ciencias que conocemos y las que no conocemos, el las conoce porque están en su interior. **Ha puesto eternidad en el corazón de ellos.** Dios hizo a los hombres para su propósito eterno, y nada en el tiempo posterior a la caída puede darles una satisfacción plena.

"No hay tesoro más grande para el ser humano que el poder disfrutar las promesas de Dios y las verdades que a través de su palabra vienen a nuestro corazón. Podemos tener dinero, cheques, tarjetas, cuentas bancarias y no tener ningún tesoro, porque el verdadero tesoro es el del corazón".

Visita --> Renuevo.net

Todo lo hizo hermoso en si tiempo; y ha puesto eternidad en el corazón de ellos, sin que alcance el hombre a entender la obra que ha hecho Dios desde el principio hasta el fin. Yo he conocido que no hay para ellos cosa mejor que alegrarse, y a ver el bien en su vida. La humanidad debeos de ser felices, pero nos gusta la maldad, la infelicidad, siempre estamos buscando las intrigas, los corajes, los instintos carnales e inmorales, así somos, solo hay un remante en los cuatro vientos, que son fieles ante Dios, y el los bendice en todo tiempo. Tiempo, corazón, obra, Dios, Eterno, Cielos, Tierra, misericordia. **3:11. Todo**. Cada actividad o acontecimiento para el que se puede fijar un punto culminante. **Hermoso**. Conveniente o apropiado. Esta frase resuena con el eco de: "Y vio todo lo que había hecho, y he aquí que era bueno en gran manera" (Genesis. 1:31). Incluso en un universo bajo maldición, la actividad no debería ser sin sentido. Su futilidad reside en la fugaz satisfacción del hombre y en rehusar confiar en la sabiduría del Dios soberano. **Ha puesto eternidad en el corazón de ellos.** Dios hizo a los hombres para su propósito eterno, y nada en el tiempo posterior a la caída puede darles una satisfacción plena. Acaso Dios se equivoca, hay que recordar que Dios es Omnisciente, es Omnipresente y es Omnipotente, es por ello por lo que todas las ciencias que conocemos y las que no conocemos, el las conoce porque están en su interior. Eclesiastés. Capítulo 3, versículos 11- 12 dice así. Todo lo hizo hermoso en su tiempo; y ha puesto eternidad en el corazón de ellos, sin que alcance el hombre a entender la obra que ha hecho Dios desde el principio hasta el fin. Yo he conocido que no hay para ellos cosa mejor que alegrarse, y a ver el bien en su vida. Muy bien, ya nos dimos cuenta de que Dios hizo todo, solo el puede hacer esto, lo bueno y le permitió a Lucifer hacer lo malo, porque ya estaba en su mente del mi Dios que esto iba a pasar, por ello, el ángel más inteligente que Dios creo fue Lucifer) Satanás). Ya estaba en sus planes todo lo que esto está sucediendo hoy día, pero también nos dio libre albedrio es decir tenemos todos el conocimiento, para decidir yo, que voy hacer con mi vida.

Conclusión. No diga usted que alguien lo provoco para hacer el, si usted lo permite ese alguien le va a decir que hacer con su vida, **¡Si usted lo permite!**

Capitulo siete.

Eclesiastés. capitulo 3, versículos 13, 14 dice así.

Y también que es don de Dios que todo hombre coma y beba y goce el bien de toda su labor. He entendido que todo lo que Dios hace será perpetuo; sobre aquello no se añadirá, ni de ello se disminuirá; y lo hace Dios, para que delante de él temen los hombres.

Resumen.

Y también que es don de Dios que todo hombre coma y beba y goce el bien de toda su labor. He entendido que todo lo que Dios hace será perpetuo; sobre aquello no se añadirá, ni de ello se disminuirá; y lo hace Dios, para que delante de él temen los hombres. Pienso que el trabajo es una bendición, porque, el ser humano hombre o mujer, al estar laborando, su mente esta trabajando para algo útil, y al final de la hornada, tiene su recompensa, s ele paga por lo trabajado, y de ahí el o ella suplir las necesidades de su hogar, de sus hijos e hijas, para mí, es una bendición, porque la mente, las emociones, los sueños están trabajando para bien. Para ello trabajar es una bendición.

Palabras clave. Trabajar, comer, beber, gozo, labor, Dios, perpetuo, mente, bendición, hombre, mujer, laborando.

Introducción.

Y también que es don de Dios que todo hombre coma y beba y goce el bien de toda su labor. He entendido que todo lo que Dios hace será perpetuo; sobre aquello no se añadirá, ni de ello se disminuirá; y lo hace Dios, para que delante de él temen los hombres. Pienso que el trabajo es una bendición, porque, el ser humano hombre o mujer, al estar laborando, su mente está trabajando para algo útil, y al final de la hornada, tiene su recompensa, s ele paga por lo trabajado, y de ahí él o ella suplir las necesidades de su hogar, de sus hijos e hijas, para mí, es una bendición, porque la mente, las emociones, los sueños están trabajando para bien. Para ello trabajar es una bendición. Trabajar, comer, beber, gozo, labor, Dios, perpetuo, mente, bendición, hombre, mujer, laborando. Muchas persona he oído decir que el trabajo es una malician, en mi forma de pensar, re mediar, pienso todo lo contrario, el trabajo para mi es una bendición, porque si estoy trabajando mi mente piensa puras locuras, nada bueno, eso em pasa a mí, no sé a usted mi querido lector (a) como le va cuando no trabaja, se lo dejo de tarea, en este momento estoy escribiendo este hermoso libro es un trabajo físico, mental psicológico Y también que es don de Dios que todo hombre coma y beba y goce el bien de toda su labor. He entendido que todo lo que Dios hace será perpetuo; sobre aquello no se añadirá, ni de ello se disminuirá; y lo hace Dios, para que delante de él temen los hombres. Pienso que el trabajo es una bendición, porque, el ser humano hombre o mujer, al estar laborando, su mente está trabajando para algo útil, y al final de la hornada, tiene su recompensa, s ele paga por lo trabajado, y de ahí él o ella suplir las necesidades de su hogar, de sus hijos e hijas, para mí, es una bendición, porque la mente, las emociones, los sueños están trabajando para bien. Para ello trabajar es una bendición. Trabajar, comer, beber, gozo, labor, Dios, perpetuo, mente, bendición, hombre, mujer, laborando.

e intelectual, es una bendición. Y aparte muchas personas de los cuatro vientos, estarán leyendo, mi persona, mi forma de ser, de pensar, de sentir, etc., etc.

Metodología sistemática.

Y también que es don de Dios que todo hombre coma y beba y goce el bien de toda su labor. He entendido que todo lo que Dios hace será perpetuo; sobre aquello no se añadirá, ni de ello se disminuirá; y lo hace Dios, para que delante de él temen los hombres. Pienso que el trabajo es una bendición, porque, el ser humano hombre o mujer, al estar laborando, su mente está trabajando para algo útil, y al final de la hornada, tiene su recompensa, s ele paga por lo trabajado, y de ahí él o ella suplir las necesidades de su hogar, de sus hijos e hijas, para mí, es una bendición, porque la mente, las emociones, los sueños están trabajando para bien. Para ello trabajar es una bendición. Trabajar, comer, beber, gozo, labor, Dios, perpetuo, mente, bendición, hombre, mujer, laborando. Muchas persona he oído decir que el trabajo es una malician, en mi forma de pensar, re mediar, pienso todo lo contrario, el trabajo para mi es una bendición, porque si estoy trabajando mi mente piensa puras locuras, nada bueno, eso em pasa a mí, no se a usted mi querido lector (a) como le va cuando no trabaja, se lo dejo de tarea, en este momento estoy escribiendo este hermoso libro es un trabajo físico, mental psicológico e intelectual, es una bendición. Y aparte muchas personas de los cuatro vientos, estarán leyendo, mi persona, mi forma de ser, de pensar, de sentir, etc., etc. Pienso que el trabajo es una bendición, porque, el ser humano hombre o mujer, al estar laborando, su mente está trabajando para algo útil, y al final de la hornada, tiene su recompensa, s ele paga por lo trabajado, y de ahí él o ella suplir las necesidades de su hogar, de sus hijos e hijas, para mí, es una bendición, porque la mente, las emociones, los sueños están trabajando para bien. Para ello trabajar es una bendición. Trabajar, comer, beber, gozo, labor, Dios, perpetuo, mente, bendición, hombre, mujer, laborando.

e intelectual, es una bendición. Y aparte muchas personas de los cuatro vientos, estarán leyendo, mi persona, mi forma de ser, de pensar, de sentir, etc., etc.

Discusión.

Y también que es don de Dios que todo hombre coma y beba y goce el bien de toda su labor. He entendido que todo lo que Dios hace será perpetuo; sobre aquello no se añadirá, ni de ello se disminuirá; y lo hace Dios, para que delante de él temen los hombres. Pienso que el trabajo es una bendición, porque, el ser humano hombre o mujer, al estar laborando, su mente está trabajando para algo útil, y al final de la hornada, tiene su recompensa, s ele paga por lo trabajado, y de ahí él o ella suplir las necesidades de su hogar, de sus hijos e hijas, para mí, es una bendición, porque la mente, las emociones, los sueños están trabajando para bien. Para ello trabajar es una bendición. Trabajar, comer, beber, gozo, labor, Dios, perpetuo, mente, bendición, hombre, mujer, laborando. Muchas persona he oído decir que el trabajo es una malician, en mi forma de pensar, re mediar, pienso todo lo contrario, el trabajo para mi es una bendición, porque si estoy trabajando mi mente piensa puras locuras, nada bueno, eso em pasa a mí, no sé a usted mi querido lector (a) como le va cuando no trabaja, se lo dejo de tarea, en este momento estoy escribiendo este hermoso libro es un trabajo físico, mental psicológico e intelectual, es una bendición. Y aparte muchas personas de los cuatro vientos, estarán leyendo, mi persona, mi forma de ser, de pensar, de sentir, etc., etc. Pienso que el trabajo es una bendición, porque, el ser humano hombre o mujer, al estar laborando, su mente está trabajando para algo útil, y al final de la hornada, tiene su recompensa, s ele paga por lo trabajado, y de ahí él o ella suplir las necesidades de su hogar, de sus hijos e hijas, para mí, es una bendición, porque la mente, las emociones, los sueños están trabajando para bien. Para ello trabajar es una bendición. Trabajar, comer, beber, gozo, labor, Dios, perpetuo, mente, bendición, hombre, mujer, laborando.

e intelectual, es una bendición. Y aparte muchas personas de los cuatro vientos, estarán leyendo, mi persona, mi forma de ser, de pensar, de sentir, etc., etc.

Imagen.

Cuadro mental.

Y también que es don de Dios que todo hombre coma y beba y goce el bien de toda su labor. He entendido que todo lo que Dios hace será perpetuo; sobre aquello no se añadirá, ni de ello se disminuirá; y lo hace Dios, para que delante de él temen los hombres. Pienso que el trabajo es una bendición, porque, el ser humano hombre o mujer, al estar laborando, su mente está trabajando para algo útil, y al final de la hornada, tiene su recompensa, s ele paga por lo trabajado, y de ahí él o ella suplir las necesidades de su hogar, de sus hijos e hijas, para mí, es una bendición, porque la mente, las emociones, los sueños están trabajando para bien. Para ello trabajar es una bendición. Trabajar, comer, beber, gozo, labor, Dios, perpetuo, mente, bendición, hombre, mujer, laborando. Muchas persona he oído decir que el trabajo es una malician, en mi forma de pensar, re mediar, pienso todo lo contrario, el trabajo para mi es una bendición, porque si estoy trabajando mi mente piensa puras locuras, nada bueno, eso em pasa a mí, no sé a usted mi querido lector (a) como le va cuando no trabaja, se lo dejo de tarea, en este momento estoy escribiendo este hermoso libro es un trabajo físico, mental psicológico e intelectual, es una bendición. Y aparte muchas personas de los cuatro vientos, estarán leyendo, mi persona, mi forma de ser, de pensar, de sentir, etc., etc.

Recapitulando.

Y también que es don de Dios que todo hombre coma y beba y goce el bien de toda su labor. He entendido que todo lo que Dios hace será perpetuo; sobre aquello no se añadirá, ni de ello se disminuirá; y lo hace Dios, para que delante de él temen los hombres. Pienso que el trabajo es una bendición, porque, el ser humano hombre o mujer, al estar laborando, su mente está trabajando para algo útil, y al final de la hornada, tiene su recompensa, s ele paga por lo trabajado, y de ahí él o ella suplir las necesidades de su hogar, de sus hijos e hijas, para mí, es una bendición, porque la mente, las emociones, los sueños están trabajando para bien. Para ello trabajar es una bendición. Trabajar, comer, beber, gozo, labor, Dios, perpetuo, mente, bendición, hombre, mujer, laborando.

Es hermoso :Trabajar, comer, beber, gozo, labor, Dios, perpetuo, mente, bendición, hombre, mujer, laborando. Es por ello, no hay que estar de perezoso, porque seria una vida inútil, y miserable, que nos trae solamente enfermedades mentales, físicas, y además perdida de tiempo si nos fijamos lo que hace las hormigas, ellas trabajan todo el día, para acumulan sustento para el invierno, grande es su enseñanza, para nosotros los seres humanos, ¡Verdad que sí! Pues bien, hay que trabajar todos y cada uno de nosotros.

Mucha persona he oído decir que el trabajo es una malician, en mi forma de pensar, re mediar, pienso todo lo contrario, el trabajo para mi es una bendición, porque si estoy trabajando mi mente piensa puras locuras, nada bueno, eso em pasa a mí, no sé a usted mi querido lector (a) como le va cuando no trabaja, se lo dejo de tarea, en este momento estoy escribiendo este hermoso libro es un trabajo físico, mental psicológico e intelectual, es una bendición. Y aparte muchas personas de los cuatro vientos, estarán leyendo, mi persona, mi forma de ser, de pensar, de sentir, etc., etc.

En esta imagen se ve la científica, e investigadora. Montalcini, una mujer que, hasta el último día de su vida, trabajo arduamente, hasta escribió un libro y se lo publicaron.

Y las demás mujeres que están con ella, de igual manera valientes, trabajadoras, hasta el final de sus días. Así debe de ser. Cada ser humano es ejemplo, para nuestras vidas, unos para seguir el mal camino rumbo a la Sima y otros para ser recto, éticos, y llegar al camino de la Cima, ya dependerá de cada persona la decisión la toma, uno, esto es personal, El Eterno nos dio todas las herramientas necesaria para decidir, cual camino me voy, no somos robots, somos personas a una imagen y semejanza del Eterno, y por ende tenemos la decisión en nuestras manos, en nuestra mente, y conciencia. Pienso que el trabajo es una bendición, porque, el ser humano hombre o mujer, al estar laborando, su mente está trabajando para algo útil, y al final de la hornada, tiene su recompensa, s ele paga por lo trabajado, y de ahí él o ella suplir las necesidades de su hogar, de sus hijos e hijas, para mí, es una bendición, porque la mente, las emociones, los sueños están trabajando para bien. Para ello trabajar es una bendición. Trabajar, comer, beber, gozo, labor, Dios, perpetuo, mente, bendición, hombre, mujer, laborando.

e intelectual, es una bendición. Y aparte muchas personas de los cuatro vientos, estarán leyendo, mi persona, mi forma de ser, de pensar, de sentir, etc., etc. Mucha persona he oído decir que el trabajo es una malician, en mi forma de pensar, remediar, pienso todo lo contrario, el trabajo para mi es una bendición, porque si estoy trabajando mi mente piensa puras locuras, nada bueno, eso em pasa a mí, no sé a usted mi querido lector (a) como le va cuando no trabaja, se lo dejo de tarea, en este momento estoy escribiendo este hermoso libro es un trabajo físico, mental psicológico e intelectual, es una bendición. Y aparte muchas personas de los cuatro vientos, estarán leyendo, mi persona, mi forma de ser, de pensar, de sentir, etc. Trabajar, comer, beber, gozo, labor, Dios, perpetuo, mente, bendición, hombre, mujer, laborando. Muchas personas he oído decir que el trabajo es una malician, en mi forma de pensar, remediar, pienso todo lo contrario, el trabajo para mi es una bendición, porque si estoy trabajando mi mente piensa puras locuras es, 69 .

Nada bueno, no sé a usted mi querido lector (a) como le va cuando no trabaja, se lo dejo de tarea, en este momento estoy escribiendo este hermoso libro es un trabajo físico, mental psicológico e intelectual, es una bendición. Y aparte muchas personas de los cuatro vientos, estarán leyendo, mi libro hoy día.

Capitulo ocho.

Eclesiastés. Capitulo 3, versículo 15 dice así.

Aquello que fue, ya es; y lo que ha de ser, fue ya; y Dios restaura lo que paso.

(y recopilación de los capítulos anteriores)

Resumen.

Aquello que fue, ya es; y lo que ha de ser, fue ya; y Dios restaura lo que paso. El Dios Omnisciente que todo lo sabe para él, no hay pasado, presente y futuro. Desde Antes de que uno nazca el ya lo sabe, y si el quiere nace o no nace, tiene todo el poder, pero por su infinita misericordia y su grande amor, nos permiten nacer y hasta ya los conoces desde antes que yo estuviese en la matriz de mi madre, y al estar en su vientre me santifica y me dio por profeta a las naciones, y hasta soy escriba nada más por su infinita misericordia. Lo soy, por él.

Palabras clave.

Misericordia, amor, todo lo sabe, nada es oculto para él, él nos conoce, matriz, vientre, nacer (alumbramiento, parto).

Introducción.

Aquello que fue, ya es; y lo que ha de ser, fue ya; y Dios restaura lo que paso. El Dios Omnisciente que todo lo sabe para él, no hay pasado, presente y futuro. Desde Antes de que uno nazca él ya lo sabe, y si él quiere nace o no nace, tiene todo el poder, pero por su infinita misericordia y su grande amor, nos permiten nacer y hasta ya los conoces desde antes que yo estuviese en la matriz de mi madre, y al estar en su vientre me santifica y me dio por profeta a las naciones, y hasta soy escriba nada más por su infinita misericordia. Lo soy, por él. Misericordia, amor, todo lo sabe, nada es oculto para él, él nos conoce, matriz, vientre, nacer (alumbramiento, parto). Es por ello que estoy escribiendo este hermoso libor con sus ocho capítulos, para que todo aquel o aquella le gusta leer, se ponga a reflexionar, a meditar, y analizarse por unos minutos que está haciendo con su vida, todos y cada uno de nosotros hemos nacido con un propósito ,tenemos una tarea ardua, para poder hacer lo que el creador quiere que yo haga, y el me dice que escriba, para los cuatro vientos, y estoy haciendo lo que mi Dios quiere que haga, si no lo hago claro que tendré mi recompensa que es la disciplina, para que camine por el camino que él, quiere que yo camine, juntamente con él. Hay tiempo de tener cuidado con los comentarios y hay tiempo de ser cuidadoso e inteligente para no escuchar lo que no conviene escuchar, hay tiempo de guardar pensamientos viables y de no guardar pensamientos es decir inviables, y hay tiempo de desechar todo aquello que sabes que te hace daño, por ejemplo, cuidados con los pensamientos inviables, cuidado con las personas que nos quieren perjudican a través de chismes, debeos de ser cuidadosos e inteligentes y pedirle a Dios que nos guie, que nos de su sabiduría e inteligencia para todo.

Metodología sistemática.

Aquello que fue, ya es; y lo que ha de ser, fue ya; y Dios restaura lo que paso. El Dios Omnisciente que todo lo sabe para él, no hay pasado, presente y futuro. Desde Antes de que uno nazca él ya lo sabe, y si él quiere nace o no nace, tiene todo el poder, pero por su infinita misericordia y su grande amor, nos permiten nacer y hasta ya los conoces desde antes que yo estuviese en la matriz de mi madre, y al estar en su vientre me santifica y me dio por profeta a las naciones, y hasta soy escriba nada más por su infinita misericordia. Lo soy, por él. Misericordia, amor, todo lo sabe, nada es oculto para él, él nos conoce, matriz, vientre, nacer (alumbramiento, parto). Todo tiene su tiempo, y todo lo que se quiere debajo del cielo tiene su hora. Tiempo de nacer, y tiempo de morir; tiempo de plantar, y tiempo de arrancar lo plantado.

Así es. como dice el título de este hermoso libro.

Nacemos, crecemos, nos reproducimos y nos morimos. (Vanidad de vanidades).

Y así es, hay que recordar que cuando nacemos, ya viene el alma, el espíritu que es el que da vida al cuerpo y este cuerpo está formado de materia orgánica e inorgánica. Nacer, crecer, reproducir, morir, alma, espíritu, cuerpo, materia orgánica e inorgánica. Vanidad y vanidades.

Lo que nos hace vivir, movernos, abrir y cerra nuestros ojos, todo lo que hacemos es manejado y ordenado por el alma-nete y el espíritu -conciencia, y ellos, hace que todos y cada uno de nuestros neuronas (que son tres tipos de neuronas, que son: neuronas monopolar, neuronas bipolar y neuronas multipolar todos y cada uno de ellas, tiene sus respectivos funciones de tal grado que se enlazan entre sí y en su momento se enlazan con las demás neuronas, y luego se des enlazan y en su momento re enlazan y todo para que todo nuestro ser, tanto físico como mental de nuestro ser, así nos hizo el Creador de los cielos y la tierra.

Resumen. Tiempo...su hora. No solo Dios fija la norma y retira o dispensa la satisfacción (capítulo 2, versículo 26), sino que El señala "tiempos" y "sazones". Las empresas terrenales son buenas en su sitio y tiempo apropiados, pero improductivas cuando se va tras ellas como el principal objetivo (cp. Versículos. 9,10). Tiempo de esparcir piedras, y tiempo de juntar piedras; tiempo de abrazar, y tiempo de abstenerse de abrazar; tiempo de buscar, y tiempo de perder; tiempo de guardar, y tiempo de desechar. Aquí nos habla Eclesiastés de ocho tiempos, y cada tiempo tiene su tiempo, cuando se nos adelanta el tiempo o se nos atrasa el tiempo, es porque no, hemos puesto atención a ese tiempo que nos está tocando vivir, y además, es que se nos olvida que cada amanecer y en cada anochecer debemos de meditar, de reflexionar, de nuestro tiempo, que estamos viviendo en ese tiempo. Esparcir, piedras, juntar, abrazar, abstenerse, perder, guardar, desechar.

Hay tiempo de tener cuidado con los comentarios y hay tiempo de ser cuidadoso e inteligente para no escuchar lo que no conviene escuchar, hay tiempo de guardar pensamientos viables y de no guardar pensamientos es decir inviables, y hay tiempo de desechar todo aquello que sabes que te hace daño, por ejemplo, cuidados con los pensamientos inviables, cuidado con las personas que nos quieren perjudican a través de chismes, debeos de ser cuidadosos e inteligente Así es. como dice el título de este hermoso libro.

Nacemos, crecemos, nos reproducimos y nos morimos. (Vanidad de vanidades).
Y así es, hay que recordar que cuando nacemos, ya viene el alma, el espíritu que es el que da vida al cuerpo y este cuerpo está formado de materia orgánica e inorgánica. Nacer, crecer, reproducir, morir, alma, espíritu, cuerpo, materia orgánica e inorgánica. Vanidad y vanidades.

Lo que nos hace vivir, movernos, abrir y cerra nuestros ojos, todo lo que hacemos es manejado y ordenado por el alma-nete y el espíritu -conciencia, y ellos, hace que todos y cada uno de nuestros neuronas (que son tres tipos de neuronas, que son: neuronas monopolar, neuronas bipolar y neuronas multipolar todos y cada uno de ellas, tiene sus respectivos funciones de tal grado que se enlazan entre sí y en su momento se enlazan con las demás neuronas, monopolares y bipolares.

Discusión.

Y también que es don de Dios que todo hombre coma y beba y goce el bien de toda su labor. He entendido que todo lo que Dios hace será perpetuo; sobre aquello no se añadirá, ni de ello se disminuirá; y lo hace Dios, para que delante de él temen los hombres. Pienso que el trabajo es una bendición, porque, el ser humano hombre o mujer, al estar laborando, su mente está trabajando para algo útil, y al final de la hornada, tiene su recompensa, s ele paga por lo trabajado, y de ahí él o ella suplir las necesidades de su hogar, de sus hijos e hijas, para mí, es una bendición, porque la mente, las emociones, los sueños están trabajando para bien. Para ello trabajar es una bendición. Trabajar, comer, beber, gozo, labor, Dios, perpetuo, mente, bendición, hombre, mujer, laborando.

Es hermoso: Trabajar, comer, beber, gozo, labor, Dios, perpetuo, mente, bendición, hombre, mujer, laborando. Es por ello, no hay que estar de perezoso, porque sería una vida inútil, y miserable, que nos trae solamente enfermedades mentales, físicas, y además pérdida de tiempo si nos fijamos lo que hace las hormigas, ellas trabajan todo el día, para acumulan sustento para el invierno, grande es su enseñanza, para nosotros los seres humanos, ¡Verdad que sí! Pues bien, hay que trabajar todos y cada uno de nosotros. y luego se desenlazan y en su momento re enlazan y todo para que todo nuestro ser, tanto físico como mental de nuestro ser, así nos hizo el Creador de los cielos y la tierra. Y hay que pedirle a Dios que nos guie, que nos de su sabiduría e inteligencia para todo. Porque estamos viviendo tiempos muy difíciles, donde, la mayoría de nosotros estamos desviados, en diferente rumbos, donde no se ve la dirección correcta, y al parecer vamos rumbo a la Sima (abismo hacia abajo), que lamentable que este sucediendo hoy día así, pero mucha culpa la tenemos nosotros, porque queremos ser personas perezosas, con deficiencia de atención y con una pereza cerebral y somática, ¡que lamentable ,pero así es!

Imagen.

Tus manos me hicieron y me formaron;
hazme entender,
y aprenderé tus mandamientos.

.

Cuadro mental.

Y también que es don de Dios que todo hombre coma y beba y goce el bien de toda su labor. He entendido que todo lo que Dios hace será perpetuo; sobre aquello no se añadirá, ni de ello se disminuirá; y lo hace Dios, para que delante de él temen los hombres. Pienso que el trabajo es una bendición, porque, el ser humano hombre o mujer, al estar laborando, su mente está trabajando para algo útil, y al final de la hornada, tiene su recompensa, s ele paga por lo trabajado, y de ahí él o ella suplir las necesidades de su hogar, de sus hijos e hijas, para mí, es una bendición, porque la mente, las emociones, los sueños están trabajando para bien. Para ello trabajar es una bendición. Trabajar, comer, beber, gozo, labor, Dios, perpetuo, mente, bendición, hombre, mujer, laborando. Mucha persona he oído decir que el trabajo es una malician, en mi forma de pensar, re mediar, pienso todo lo contrario, el trabajo para mi es una bendición, porque si estoy trabajando mi mente piensa puras locuras, nada bueno, eso em pasa a mí, no sé a usted mi querido lector (a) como le va cuando no trabaja, se lo dejo de tarea, en este momento estoy escribiendo este hermoso libro es un trabajo físico, mental psicológico e intelectual, es una bendición. Y aparte muchas personas de los cuatro vientos, estarán leyendo, mi persona, mi forma de ser, de pensar, de sentir, tenemos que actuar, pero ya, hoy es el día indicado, para renovar nuestras metas, fuerzas, para que estemos a la altura del Creador, porque tenemos todo, para triunfar, para llegar hasta loa Cima, si podemos ¡animo!

Mira que te mando que te esfuerzes y seas valiente no temas ni desmayes porque Dios estara contigo en donde quiera que tu vallas.

Recapitulación.

Y también que es don de Dios que todo hombre coma y beba y goce el bien de toda su labor. He entendido que todo lo que Dios hace será perpetuo; sobre aquello no se añadirá, ni de ello se disminuirá; y lo hace Dios, para que delante de él temen los hombres. Pienso que el trabajo es una bendición, porque, el ser humano hombre o mujer, al estar laborando, su mente está trabajando para algo útil, y al final de la hornada, tiene su recompensa, s ele paga por lo trabajado, y de ahí él o ella suplir las necesidades de su hogar, de sus hijos e hijas, para mí, es una bendición, porque la mente, las emociones, los sueños están trabajando para bien. Para ello trabajar es una bendición. Trabajar, comer, beber, gozo, labor, Dios, perpetuo, mente, bendición, hombre, mujer, laborando.

Es hermoso: Trabajar, comer, beber, gozo, labor, Dios, perpetuo, mente, bendición, hombre, mujer, laborando. Es por ello, no hay que estar de perezoso, porque sería una vida inútil, y miserable, que nos trae solamente enfermedades mentales, físicas, y además pérdida de tiempo si nos fijamos lo que hace las hormigas, ellas trabajan todo el día, para acumulan sustento para el invierno, grande es su enseñanza, para nosotros los seres humanos, ¡Verdad que sí! Pues bien, hay que trabajar todos y cada uno de nosotros. Estoy escribiendo este hermoso libro es un trabajo físico, mental psicológico e intelectual, es una bendición. Y aparte muchas personas de los cuatro vientos, estarán leyendo, mi persona, mi forma de ser, de pensar, de sentir, tenemos que actuar, pero ya, hoy es el día indicado, para renovar nuestras metas, fuerzas, para que estemos a la altura del Creador, porque tenemos todo, para triunfar, para llegar hasta loa Cima, si podemos ¡animo!

Mira que te mando que
te esfuerzes y seas
valiente no temas ni
desmayes porque Dios
estara contigo en donde
quiera que tu vallas.

Bibliografía.

(Las Sagradas Escrituras- Biblia).

1.- Barraza Cuéllar Armando. (2011). Siete Pasos para llegar a una Enseñanza-Aprendizaje. (Metas para el 2021 en la educación educativa a nivel superior de alta calidad, en el inicio de un pensamiento integral). U.S.A. Editorial Palibrio.

2.- Barraza Cuéllar Armando. (2012) ¡Como que eres maestro! España. Editorial Académica Española.

3.- Barraza Cuéllar Armando. (2012). Vamos pues a integrar: cuerpo, mente y consciencia. España. Editorial Académica Española. ISBN

4.- Barraza Cuellar Armando. (2012) ¿Cómo le puedo hacer? Yo, para reactivar a mí: Cuerpo, a mi mente y a la inteligencia e integrarlos para sus diferentes funciones. España. Editorial Académica Española. ISBN.

5.- Barraza Cuéllar Armando. (2012). Siete pasos para llegar a la consciencia. España. Editorial Académica Española. ISBN.

6.-Barraza Cuéllar Armando. (2012). Los siete procesos de una integridad que es la enseñanza-aprendizaje. España. Editorial Académica Española. ISBN

7.- Barraza Cuéllar Armando. (2019). Enséñame tu, lo que yo no veo.
España. Editorial Académica Española. ISBN.

8.- Barraza Cuéllar Armando (2022). Tu decides, que rumbo tomas. 978- 620-2- 10386-2. Editorial Académica Española. ISBN.

9.- Barraza Cuellar Armando. (2022) Debilidades y Fortalezas para integrar, desintegrar y reintegrar. Editorial Académica española. 978- 620-2- 10798-3. ISBN.

10.- Barraza Cuellar Armando. (2023). Hoy voy a Aprender a Leer. Editorial Académica Española. 978- 620- 2- 11180-5. ISBN.

11.-Barraza Cuellar Armando. (2023). Hoy día es muy difícil encontrar un Amor Sincero. Editorial Académica Española. 978-620-2- 11421-9 ISBN.

12. Barraza Cuellar Armando, (2023) ¿Por qué nosotros los seres humanos, nos inclinamos a hacer el mal? ¡Y porque no, hacemos el bien! ISBN. 978- 620-2- 11905-4.

Printed by Books on Demand GmbH, Norderstedt / Germany